Emma Godeau
Einer wartet immer

Emma Godeau (Pseudonym) wurde 1957 in Montreal geboren. Studium der Psychologie, Soziologie und Germanistik in Stanford und Konstanz. Zahlreiche wissenschaftliche Veröffentlichungen sowie Beiträge in amerikanischen und deutschen Frauenzeitschriften.

Emma Godeau

# Einer wartet immer

## Unausweichliches Schicksal oder nur ein Moment?

Aufbau-Verlag

Essays bei Aufbau:
Konzeption und Lektorat
Annette C. Anton und
Tamara Trautner

ISBN 3-351-02796-6

1. Auflage 1999

Einbandgestaltung Andreas Heilmann, Hamburg
Foto Andreas Wemheuer
Typographie Peter Birmele
Druck und Binden Kösel GmbH, Kempten
Printed in Germany

# Inhalt


I Einer wartet immer .................... 9
II Am Ende liebt jeder über seine Verhältnisse 21
III Denn Leiden beschied mir ein Dämon .... 33
IV Ertrinken im eigenen Selbst .............. 47
V Wartesaal Deutschland ................ 55
VI Der Aufschub ......................... 63
VII Die schier endlose Zeit ................ 71
VIII Die Leidenschaft des Wartens ........... 81
IX Wir langweilen uns zu Tode .............. 89
X Wer wartet wie?
Eine kleine Typologie des Wartens ........ 99

Literatur ................................ 109

Gedulden, Gedulden, Gedulden,
Gedulden unter dem Blau!
Was wir dem Schweigen verschulden,
macht uns das Reifen genau.

Paul Valéry, *Palme*,
Übersetzung von Rainer Maria Rilke

Gedanke des Wartens: Gedanke, der selber Warten ist auf das, was sich nicht denken läßt, Gedanke, vom Warten getragen, zugleich ins Warten vertagt.

Maurice Blanchot, *Warten Vergessen*,
Übersetzung von Johannes Hübner

# I
# Einer wartet immer

Als die Uhr neun schlägt, wartet Albert bereits geschlagene drei Stunden auf seine Freundin Maggie. Sie wollten zusammen ausgehen, und Maggie hatte noch am Morgen versprochen, heute ganz bestimmt pünktlich zu sein. Doch es ist wie immer: Albert sitzt allein in der Wohnung, und das Ticken der Uhr bringt ihn an den Rand der Verzweiflung. Seit zwei Jahren ist Albert mit Maggie zusammen, und er kann sich nicht erinnern, daß es mit der Warterei jemals anders war.

Er trinkt seinen zweiten Martini und entschließt sich endlich, alleine etwas essen zu gehen. Irgendwann wird Maggie dann nach Hause kommen und sich sofort ins Bett legen. Wie immer.

Im Restaurant schlingt Albert hastig sein Essen hinunter; ihm sitzt die Angst im Nacken, daß Maggie gerade jetzt nach Hause kommt. Dann wäre die Katastrophe perfekt. Er stürzt zurück in die Wohnung. Maggie ist noch immer nicht da. Erschöpft läßt sich Albert in einen Sessel fallen. Das Warten quält ihn, und er beginnt, sich ernsthaft Sorgen zu machen. Was könnte Maggie zugestoßen sein?

Wie an all den anderen Abenden hofft er auch heute, daß sie anruft. Doch das Telefon schweigt. Warum ruft sie nicht an? Albert kommt der Gedanke, daß der Apparat gestört sein könnte. Lächerlich, doch er kann nicht anders: Er greift zum Hörer und ruft die Zeitansage an, um sicher sein zu können, daß Maggie ihn erreichen kann, wenn sie es denn will. Kaum hat er die Nummer gewählt, ergreift ihn Panik: Was, wenn Maggie genau jetzt, in diesem Augenblick, in dem ihm eine Stimme vom Band die Uhrzeit sagt, versucht, ihn zu erreichen? Albert weiß, wie neurotisch er sich verhält, doch er verliert zusehends die Kontrolle über sich. Wo um Herrgotts willen kann sie sein? Hat jemand sie angesprochen? Hat sie sich darauf eingelassen? Liegt sie jetzt mit einem anderen Mann in irgend einem Hotelbett? Das Warten hat Albert, den treusorgenden Freund, plötzlich zum eifersüchtigen Idioten gemacht.

In der Wohnung hält er es nicht mehr aus. Er rennt aus dem Haus, läuft um den Block und kehrt nach kurzer Zeit voller Angst nach Hause zurück. Er weiß, er ist verdammt zu warten. Vom Fenster aus zählt er die vorbeifahrenden Autos. Wenn ein Wagen hält, preßt er das Gesicht an die Scheibe und hofft, daß Maggie aussteigt. Doch es sind immer andere, die die Türen zuschlagen und im Hausflur verschwinden.

Albert fühlt sich verlassen und unendlich elend. Ein Spiel aus seiner Kindheit kommt ihm in Erinnerung, das sie »Tarzan« nannten: an einen Baum gefesselt, mußte er, die Geisel, warten, bis sein Bruder, der Retter, ihn befreite. Einmal war er in den eng geschnürten Fesseln ohnmächtig geworden, doch meistens hielt er durch. Denn er wußte ja, daß am Ende immer sein Bruder kommen würde, ihn zu befreien.

Und dieses Gefühl steigt jetzt allmählich wieder in ihm auf: Irgendwie kann er den Schmerz ertragen und sogar ein klein wenig genießen, weil er genau weiß, daß er nicht ewig andauern wird. Das qualvolle Warten hat noch eine andere Seite, die immer dann zum Tragen kommt, wenn es fast nicht mehr zu ertragen ist. Albert findet das Warten auf seine Freundin jetzt mehr und mehr anregend. Ganz langsam mischt sich in seine Panik ein leichtes Prickeln. Sich vorzustellen, wo sie ist, mit wem und wie sie ihn betrügt, bekommt jetzt einen eigenartigen Reiz, der immer stärker wird. Maggies Nicht-Anwesenheit verleiht ihr eine intensive Präsenz, die noch über das hinausgeht, was Albert spürt, wenn sie tatsächlich anwesend ist. Während des Wartens wird die Freundin immer realer – und immer attraktiver. In Albert reift die Erkenntnis, daß seine ungezählten Stunden des Wartens konstitutiver Bestandteil ihrer Beziehung sind; sie steigern die Faszination für Maggie und sind dadurch letztlich das Element, das sie zusammenhält.

Diese Geschichte von Robert Hemenway mit dem programmatischen Titel *I am Waiting* vereint viele Facetten des Wartens. Hemenways Hauptfigur *leidet* darunter, daß sie warten muß – so wie wohl kaum jemand, der wartet, dies gerne tut. Zunehmende Nervosität, auswuchernde Phantasien und die sukzessive Verwandlung von einem rationalen Menschen in einen Idioten sind die typischen Symptome, die auftreten, wenn wir auf etwas warten, was nicht eintritt, von dem wir aber unbedingt wollen, daß es sich endlich einlöst. Maurice Blanchot nennt diesen gefängnisartigen Zustand den »großen, fluktuierenden Kreis des Wartens« – die reine Willenskraft hilft selten, wenn man ihm entrinnen möchte.

Warten bedeutet gemeinhin Langeweile, Ungeduld, Genervtsein – alles Verfassungen, die wir gerne vermeiden wollen: Die Schlange an der Kasse raubt uns den letzten Nerv; die U-Bahn-Fahrt am Morgen scheint kein Ende zu nehmen; die Warterei auf ewig zu spät kommende Freunde ist alles andere als vergnüglich, vom Warten auf Anrufe ganz zu schweigen.

Die Künste haben dieses in unserem Leben so zentrale Motiv immer wieder aufgegriffen und variiert: kein Roman, kein Film, kein Bild, keine Oper, kein Theaterstück ohne das Thema des Wartens. Einige Werke sollen im vorliegenden Essay unter diesem Aspekt genauer betrachtet werden. Auffälligerweise ist der Zustand des Wartens nicht immer und überall negativ konnotiert. Wir kennen Johannes Vermeers Bilder: rührende Porträts junger Frauen, denen das Warten nichts auszumachen, ja die dieser Zustand in höchste Gelassenheit zu versetzen scheint. In anderen Kulturen und zu anderen Zeiten wurde kein Gedanke darauf verwendet, ob Warten »sinnvoll« oder »sinnlos« ist: Einige nordamerikanische Indianerstämme beispielsweise haben das, was wir unter Warten verstehen, überhaupt nicht als Warten erfahren. Und noch heute gibt es viele Kulturen, in denen die Vorstellung des Wartens nicht existiert.

Diese kleine Studie soll anhand verschiedener Beispiele ergründen, was mit uns passiert, wenn wir warten. Daraus ergeben sich verschiedene Typen des Wartens – wobei das gelassene Warten die Ausnahme darstellt: Wem gelingt es schon, sich einfach nur zurückzulehnen, anstatt hektisch zu telefonieren, die Zeitung zum x-ten Mal durchzublättern oder Spaziergänge zu machen, um die Zeit bis zum Eintreffen des Erwarteten totzuschlagen?

Neben den wenigen, die gerne warten, und denjenigen, die überhaupt nicht warten können oder wollen, gibt es Menschen, die in Situationen des Wartens eine Entwicklung durchmachen: Nach anfänglichem Mißmut können sie das Warten nach einer Weile als etwas geradezu Schönes erleben – so daß das Warten sich am Ende selbst aufgehoben hat und eigentlich gar kein

Warten mehr ist. Hierzu hat Maeve Brennan eine Geschichte mit dem Titel *The Sofa* geschrieben:

Mrs. Bagot hat sich ein neues Sofa für ihre Wohnung ausgesucht, und zwar eines, mit dem es eine ganz besondere Bewandtnis hat: Dieses Möbelstück wird die letzte Lücke in Mrs. Bagots Wohnungseinrichtung schließen. Ihr Zuhause wird endlich fertig sein, es wird endlich so sein, wie sie es sich immer erträumt hat. Das Sofa wird nicht nur die Wohnung verändern, sondern ihr ganzes Leben. Sie wird endlich vollkommen glücklich sein.

Während Mrs. Bagot auf die Lieferung des Sofas wartet, malt sie sich aus, wie es auf dem Parkett aussehen würde, wie seine Wirkung auf dem Teppich wäre. Sie stellt sich vor, wie das Sofa die Leere zwischen den Bücherregalen und der Stereoanlage füllen wird. Irritiert sinniert sie darüber nach, daß diese Stelle eigentlich erst jetzt, durch das Sofa, zu einem leeren Fleck wird – vorher hat sie die Stelle gar nicht als etwas Besonderes wahrgenommen.

Während Mrs. Bagot voller Vorfreude auf ihr neues Möbelstück wartet, beginnt sie so aufmerksam wie selten ihre Kinder zu beobachten. Sie erschienen ihr heute ungewöhnlich gelöst, völlig unberührt von der Unruhe, die sie an gewöhnlichen Morgen normalerweise erfüllt. Es ist schon nach zwei Uhr, und Mrs. Bagot beschließt, daß sie sich spätestens in einer Stunde um den Haushalt kümmern wird. Sie kann sich nicht erinnern, wann sie das letzte Mal einen ganzen Vormittag so müßig hat verstreichen lassen. Sie nimmt sich fest vor, spätestens in einer Stunde irgendeine Kleinigkeit in Angriff zu nehmen, die man beim Warten gut erledigen kann.

Als die Zeiger der Uhr im Wohnzimmer schließlich tatsächlich auf drei vorgerückt sind, kann Mrs. Bagot es nicht glauben. Ungläubig konsultiert sie alle anderen Uhren in der Wohnung. Es ist tatsächlich eine volle Stunde verstrichen. Wie immer geht die Wohnzimmeruhr auch jetzt genau. In den langen Jahren ihrer Ehe hat sich Mrs. Bagot stets auf diese Uhr verlassen, unzählige Male hat sie auf das Zifferblatt geblickt und die Bewegung der Zeiger verfolgt. Die Uhr hat Mrs. Bagot immer wieder beruhigt und enttäuscht, häufig auch in Schrecken versetzt. Sie hat sie immer dominiert und ganz und gar ihren Alltag bestimmt.

Doch heute kann sie keine Gewalt über Mrs. Bagot gewinnen. Sie blickt gelassen auf das Zifferblatt, beobachtet den Sekundenzeiger, der eine Runde nach der anderen dreht. Und sie lächelt, denn sie hat das Gefühl, daß die Uhr heute zum ersten Mal zur Ruhe gekommen ist, genau wie sie selbst. Irgendwann merkt sie gar nicht mehr, wie die Zeit verstreicht. Der gestrige Montag scheint vom heutigen Dienstag durch eine Ewigkeit getrennt zu sein. Heute, während Mrs. Bagot auf ihr Sofa wartet, verliert die Zeit alle Macht über sie. Eine außergewöhnliche Erfahrung: »Durch das Denken kehrt, was sich vom Denken abkehrt, ins Denken zurück.« (Blanchot)

Plötzlich klopft es an der Tür. Das Sofa ist da! Da steht es, genauso wie Mrs. Bagot es bestellt hat. Die Lieferanten tragen es in die Wohnung, wo es seinen Platz genau dort findet, wo Mrs. Bagot es sich schon so viele Male vorgestellt hat. Sie läßt sich in die Kissen fallen, die Kinder toben darauf herum, und schon am Abend ist das neue Möbel vollkommen in das Leben der Familie integriert, als wäre es schon immer dagewesen.

Der Zustand des Wartens setzt den »normalen«, den »objektiven« Ablauf der Zeit außer Kraft. Je nachdem, was wir erwarten, verändert sich unser Empfinden der Zeit: Mal kann das Warten uns in einen Zustand der Trance versetzen, in dem Stunden zu Minuten werden; oder Minuten können zu Stunden werden, wenn wir etwas herbeisehnen, was sich so schnell wie möglich erfüllen soll. Und manchmal wartet man einfach nur vor sich hin und wird von Langeweile eingeholt. Thomas Mann schreibt in *Der Zauberberg*: »Große Zeiträume schrumpfen bei ununterbrochener Gleichförmigkeit auf eine das Herz zu Tode erschreckende Weise zusammen; wenn ein Tag wie alle ist, so sind sie alle wie einer; und bei vollkommener Einförmigkeit würde das längste Leben als ganz kurz erlebt werden und unversehens verflogen sein.«

Der Tag ist einfach vorbeigegangen; und Mrs. Bagot hat zum ersten Mal seit Jahren rein gar nichts getan. Alle Arbeiten sind liegengeblieben, doch der Tag war alles andere als vergeudet, denn sie fühlt sich erfüllt und zufrieden wie selten zuvor. Was als angestrengtes, unangenehmes und leidvolles Warten begann, hat sich schnell als eine willkommene Unterbrechung der alltäglichen Routine entpuppt. Für Mrs. Bagot ist das Warten eine beglückende Zwischenstufe, angesiedelt zwischen dem Korsett alltäglicher Routine und Freiheit, eine Grauzone, in der sich das Warten selbst auflöst in einzelne Facetten der Zeit, in Momente, die sich aus der Chronologie lösen und auf überraschende Weise wieder zusammenfügen. Dieser Prozeß ist ein anarchischer, er sprengt die Ordnung des Nacheinander, der quälende, weil in seiner Zielgerichtetheit statische Zustand des Wartens wird aufgehoben.

»Als das Telefon nicht klingelte, wußte ich, daß du es warst«, schreibt Annette Meyhöfer in ihrem Buch *Die Geliebte.* Sie verbringt ganze Tage damit, das Telefon zu beschwören, es möge klingeln und der Geliebte sich ankündigen. Anstatt sich alleine zu beschäftigen oder gar zu amüsieren, wartet die Geliebte auf den Anruf, der allein sie aus ihrer Trostlosigkeit befreien kann. Sie, die starke, emanzipierte Frau, für die der Geliebte sich begeisterte, verfällt in einen erbärmlichen Zustand kindlichen Flehens, den sie jedoch – zum Glück – dann doch reflektieren und das Warten dadurch auf eine höhere Ebene heben kann: »Es gibt die höhere Form des Wartens, nicht jene kleinmütige, die kaum eine Stunde erträglich scheint, keinen Tag lang, sondern das Warten, dessen Ziel gerade darin besteht, daß das Telefon nicht klingelt: Jede Stunde, jeder Tag, an dem er sich nicht meldet, ist ein eigentlicher Gewinn, ein wirkliches Versprechen auf die Zukunft, in der er die entscheidenden Worte finden wird.«

Im Warten auf den Anruf ereignet sich die Umkehrung des Zeitgefühls, das Mrs. Bagot beschleicht, während sie wartet. Der befreienden Auflösung natürlicher Zeitdimensionen in *The Sofa* steht in Annette Meyhöfers Buch ein qualvoll bewußtes Erleben jedes noch so kleinen Momentes der sich einem fernen Ziel entgegenschleppenden Zeit gegenüber.

In James Agees Erzählung mit dem vielsagenden Titel *The Waiting* begegnet uns eine weitere Form des Wartens, das Warten in angstvoller Ahnung. Mary, die Protagonistin, erhält mitten in der Nacht einen Anruf: Ihr Mann sei verunglückt, wird ihr mitgeteilt. Was genau passiert ist, ob er verletzt, unversehrt oder tot ist, bleibt bis ganz zum Ende im dunkeln. Und so wird die eigentlich kurze Zeitspanne zwischen dem Anruf und der Auflösung allen Beteiligten zur schier endlosen Qual. Die Nachricht, daß der Verunglückte sofort am Unfallort verstorben ist, kommt vor diesem Hintergrund geradezu einer Erlösung gleich.

Das Warten entzieht sich jedem »objektiven« Zeitgefühl, aber auch jeder Art von Fragen. Worauf wartet sie; warum wartet sie, worauf wartet sie beim Warten? Diese Fragen kann sich Mary in ihrer angespannten Lage nicht stellen. »Es gehört zum Wesen des Wartens, daß es jeder Art von Fragen entgleitet, die es doch selber erst möglich macht und denen es sich entzieht.« (Blanchot). Schon weil wir den Zustand des Wartens, wenn wir in ihm begriffen sind, nicht selbst analysieren können, bleibt er immer ein Nicht-Zustand und lädt als solcher zu Verallgemeinerungen und voreiligen Schlüssen ein.

In der Folge soll auch diesen voreiligen Schlüssen weiter auf den Grund gegangen werden. So auch der Vermutung, daß ein wesentlicher Unterschied zwischen Männern und Frauen darin besteht, daß sie ein grundsätzlich anderes Verhältnis zum Warten haben. In der Tat scheinen es Männer niemals auszuhalten, warten zu müssen, wohingegen Frauen, vielleicht biologisch vorgegeben, sich oft leichter damit abfinden. Mehr eine Behauptung denn eine abgesicherte These? Die Art, wie Frauen warten, entspricht der Rolle, die ihnen im Alltag, in der Geschichte der Menschheit von Anbeginn zugewiesen ist: sich ruhig zu verhalten und auf die von Männern bestimmte Geschichte zu reagieren, ohne in sie einzugreifen. Eigentlich, könnte man tatsächlich sagen, warten Männer überhaupt nicht. Unablässig sind sie damit beschäftigt, sich zu beschäftigen. Sie versuchen, Situationen zu vermeiden, in denen sie sich etwas langfristig aussitzen müssen. Besonders ungerne warten sie auf Menschen oder deren Zuneigung. Da sie in der Regel gelernt haben, ihre Gefühle unter Kontrolle zu halten, möchten sie nicht in Situationen gebracht werden, die sie abhängig vom Verhalten anderer machen und sie provozieren. Männer sind nicht zum Warten erzogen worden. Sie wurden dazu erzogen, sich zu nehmen, was sie haben wollen.

Schauen wir uns an, was sich hinter all dem Warten, dem wir in unseren alltäglichen Situationen, in der Literatur, in der Kunst, in den Wissenschaften begegnen, verbirgt, so scheint es sich eher um eine Welt der Enttäuschungen und Niederlagen zu handeln. Zumindest auf den ersten Blick. Aber es könnte ja sein, daß es einen zweiten Blick gibt, der die Welt des Wartens in einem neuen Licht erscheinen läßt. Vielleicht ist der bewußte Umgang mit den Situationen des Wartens am Ende gar der Schlüssel zu einem glücklicheren Leben?

# II
# Am Ende liebt jeder über seine Verhältnisse

Mit dem Überschreiten der Schwelle vom Natur- zum Kulturwesen werden in der Menschheitsgeschichte Momente des Wartens, Verzögerns und Verschiebens relevant. Es ist das bewußte Erleben einer Phase des Begehrens – zwischen Reiz und Erfüllung –, die den Menschen vom Tier unterscheidet. Warten ist konstitutiv für die menschliche Kultur.

Auch die Liebe funktioniert nur, wenn ihr ein Moment der Spannung innewohnt, ein Moment des Hinauszögerns und des Aufschubes. Dieser Moment ist mehr als ein Augenblick des Wartens auf das, was da kommen mag. Es impliziert eine Haltung, die mehr ist als der konkrete, zielgerichtete Akt des Wartens, eine passive Einstellung, die gemeinhin als Erwartung bezeichnet wird. In der Liebe schiebt sich zwischen Begehren und Vollzug ein Augenblick, der alles in der Schwebe hält, ein Zustand der Verliebtheit, der für den einen den reizvollsten Teil der Liebe ausmacht und für die andere die Hölle bedeutet.

Die Erwartung ist die entscheidende Ebene, die das Warten in seinen jeweiligen Schattierungen formt und gestaltet. Das Thema der Liebe ist wie kein anderes dazu geeignet, diesen abstrakten Sachverhalt zu illustrieren; in einer historischen Reise durch die Jahrhunderte hindurch soll der Begriff der Erwartung in verschiedenen Liebesgeschichten gespiegelt werden.

Liebe will immer mehr, sie bleibt immer bedürftig. Sie holt nie das ein, was wir von ihr erwarten. Viel schlimmer noch: ein unerfüllter Rest muß bleiben, damit Liebe oder Glück überhaupt möglich ist. Konstitutiv für Liebe und Glück scheinen Dinge, die man meint benennen zu können und von denen man hofft, ihnen begegnen zu können: Erwartungen, die sich in der Wirklichkeit erfüllen sollen; holt man sie jedoch ein, zerplatzen sie wie Seifenblasen. Ein schicksalhaftes Element einer jeden Liebe, dem auch Jay Gatsby in F. Scott Fitzgeralds *Der große Gatsby* auf tragische Weise erliegt: In der Hoffnung, irgendwann seine ewige Liebe Daisy erobern zu können, arbeitet sich Gatsby aus kleinen Verhältnissen über Jahre hinweg ganz nach oben und bezieht ein prunkvolles Anwesen, in dem er rauschende Feste gibt. Auf der anderen Seite der Bucht steht das Haus, in dem die mittlerweile verheiratete Daisy wohnt und im Kreis der High-Society verkehrt. Der Prunk, das Hofieren der oberen Zehntausend wie der Halbwelt und die exzessiven Parties sind für Gatsby nur eines: die Kulisse, vor der er darauf wartet, daß Daisy eines Tages zu ihm kommt. Und tatsächlich scheint sein Traum Wirklichkeit zu werden. Doch dann zeigt sich, daß all sein Ehrgeiz und sein diszipliniertes Warten die Vergangenheit nicht ungeschehen machen können. Die große Liebe bleibt für immer eine unerfüllte Sehnsucht und kostet Gatsby schließlich sogar das Leben.

Wo liegen die Anfänge einer Geschichte der Liebe? Dort, so Wolfgang Rath in seinem Buch über die Liebe, wo es im Grunde überhaupt noch nicht um Liebe geht, wo keine Momente des Verzögerns und Wartens, des Erfahrens und Erwartens das Denken versperren: dort, wo die reine Sinneslust waltet, wo sich Tier und Tier paaren; wo auf den ersten Reiz die Reaktion folgt. Zwischen Begehren und Vollzug gibt es keinen Moment der Verzögerung, hat sich das, was wir unter »Kultur« verstehen, noch nicht herausgebildet.

Ganz anders als das Tier gebärdet sich der Mensch: die Verzögerung zwischen Lust und Erfüllung, der Moment des verzögernden Wartens, ist das bestimmende Phänomen, das wesentlich für die menschliche Kultur und für die unterschiedlichen Liebeskonzepte ist, die die Menschen über verschiedene Zeiten und in verschiedenen Räumen dominiert haben.

Bereits bei Sokrates erfahren wir, daß es Liebe schlechthin nicht gibt: Liebe ist Sehnsucht nach etwas, das man selbst nicht hat. Sobald man das Gewünschte zu besitzen glaubt, läßt die Spannung nach, und die Sehnsucht erlischt, so Sokrates. Und bei Platon liest man, daß Liebe ein Bestandteil des Lebens ist wie Essen und Trinken; dabei ereignet sich die Liebe hauptsächlich im Kopf. Die bloße Idee kann genußvoller sein als jede körperliche Befriedigung.

Nicht von ungefähr ist die Erotik ein Wert, dem in der Antike besondere Bedeutung beigemessen wurde. Die Selbstbeherrschung, die selbst auferlegte Verzögerung zwischen Begehren und Erfüllung, läßt Verliebte einem Liebesideal nahekommen. Die Zeit des Wartens ist an sich die Erfüllung; man erwartet nicht mehr, als man tatsächlich erfahren kann. Eros ist nicht nur Bestandteil der Liebe, sondern ist die Liebe selbst. Erstmals in der Geschichte der Menschheit hat ein Modell Gültigkeit, in dem Momente des Verzögerns und Wartens zu einer Kunst erhoben werden; einer Kunst, die Anspruch auf Endlichkeit und nicht auf Absolutheit erhebt.

Ganz anders soll sich das Liebesideal in den darauf folgenden Jahrhunderten gestalten. Die Vorstellungen von Liebe in der Antike sind weit entfernt von der Idee von Liebe, die uns im Mittelalter begegnet: man wartet nicht auf ein Ideal der Liebe, dem man in der Realität tatsächlich begegnen kann. Vielmehr geht die Liebe im persönlichen Heilsweg auf: Hingabe, Erhebung und Gotteserfahrung sind die Haltungen, die von einem jeden verlangt werden. Die Erlösung – eine ganz besondere Variante des Wartens: man wartet im Diesseits und nimmt alles Leid der Welt in Kauf, im Glauben, daß das Jenseits von der tagtäglichen Mühsal befreit. Triebbewältigung statt Triebverzögerung führt im Mittelalter zu einer hochstehenden Liebeskultur, die auf reale Erfüllung im Diesseits nicht mehr hoffen kann. Das antike Ideal der Mäßigung um der persönlichen Freude willen wird dabei zur Maßregel; ein Glück des Augenblicks darf es nicht mehr geben. Statt den Moment zu leben, werden spontane Bedürfnisse reglementiert – so sieht es die Hochkultur des Mittelalters vor.

Diese Ideologie der Lustzerknirschung führt jedoch, wie man sich unschwer vorstellen kann, zu Exzessen in anderen Lebensbereichen. Während auf der einen Seite Liebeserfahrungen verboten und totgeschwiegen werden, sind wir auf der anderen Seite mit einer Alltagskultur konfrontiert, die wie selten zuvor oder danach den Trieben freien Lauf läßt. Das Mittelalter entwickelt eine doppelte Strategie: einerseits nimmt es die nicht menschliche Liebe, die Gottesliebe, ernst, die ausschließlich auf ein anderes verweist, das nur nach langen Phasen des Wartens erreicht werden kann. Andererseits verabschiedet es sich von antiken Idealen, denen Momente des Verzögerns und Hinausschiebens eigen waren, und führt eine Direktheit ein, von der man zuvor (und danach) nicht einmal zu träumen wagte. Im hohen Mittelalter führt also die Zähmung der Triebe auf einem Umweg letztlich doch zur ungezügelten Liebe – die bildenen Künste der Zeit zeugen davon.

Mit Dante wird die Liebe dann zu einem rein seelischen Ereignis: In Dantes Liebe zu Beatrice gibt es keinen Wunsch nach Erfüllung in der Realität: Anbetung ist und bleibt Anbetung, Sehnsucht ist und bleibt Sehnsucht. Das Ideal ist nicht mehr eine Zeit der Werbung, auf die irgendwann Erfüllung folgt. Die Erlösung liegt bei Dante vielmehr im Vergessen. Eros und Leidenschaft sind verworfen; es geht vielmehr um die reine, erwartungslose Erfahrung. Auch Petrarcas Laura führt vor, wie flüchtig und letztendlich unerreichbar die Liebe ist, immer unerfüllt und voller Wehmut. Bewußt zelebrierte Phasen des Verzögerns und Hinausschiebens spielen keinerlei Rolle mehr.

Die Zeit der Aufklärung bringt dann eine neue Dimension. Die Liebe wird zur gezielten Machtdemonstration: Liebe und Leidenschaft müssen beherrscht werden, der Umgang mit der Liebe wird zur Herausforderung reiner Willenskraft, und über allem steht die Pflicht.

Zu dieser »vernünftigen« Liebe gehört ein vernünftiges, zielgerichtetes Warten: langwierige Annäherungen und die Lust an der Verzögerung des Liebesgenusses, das Auskosten von Liebesleid und die Spannung ungestillten Verlangens sind Ausdruck dieser Liebe – im Warten auf die Erfüllung liegt die eigentliche Erfahrung, der eigentliche Sinn. Die Kluft zwischen Erwartung und Erfahrung besteht, wird jedoch keinesfalls geleugnet, geschweige denn bedauert. Liebe ist wieder als Begehren erlaubt – allerdings vernunftgeleitet. Es geht nicht mehr um einen kunstvollen Umgang mit dem Verzögern, dem Warten und der Steigerung der Spannung, wie die Antike sie betrieb; das Warten wird instrumentalisiert, den eigenen Ansprüchen der Macht oder der Macht anderer untergeordnet. Warten hat nichts mehr mit kunstvollen Fertigkeiten zu tun.

Dieser Aspekt gelangt erst wieder im 19. Jahrhundert ins Bewußtsein. Die Romantik ist ein einziges Loblied auf Liebe und Leidenschaft und zelebriert die direkte, diesseitige Erfahrung. Erste Liebe, Liebe auf den ersten Blick, lebenslange Leidenschaft – dies sind die Schlagworte, die wir bis heute mit Romantik und romantischen Gefühlen verbinden. Die Liebe und das Warten fügen sich in dieser Zeit erstmals wieder auf eine Weise zusammen, die die Ideale der Antike neu erblühen läßt. Was gemeinhin unter »romantischer Liebe« verstanden wird, hat jedoch auch eine Kehrseite: die aufkommende bürgerliche Gesellschaft – mit der zunehmenden Privatisierung des Alltags – führt zur Vereinsamung des einzelnen, zu einer verhängnisvollen Be- und Entfremdung. Liebesideale, die schmachtendes Warten implizieren, werden wieder aktuell: man meint, daß Liebe nur funktioniert, wenn sie auf den Prüfstein gelegt und hinausgezögert wird.

Bei vielen Figuren der Literatur spiegeln sich diese Erfahrungen, die zu einem unerfüllten und unglücklichen Dasein führen. Noch nicht einmal die schlichte Hoffnung auf Erfüllung scheint angeraten; am besten, man bringt sich in eine Lebenssituation, in der man gar nichts mehr erwartet – Ironie einer Zeit, die sich Selbstsuche und Selbstfindung auf ihr Banner geschrieben hat. Liebe wird in einer solchen Weise verabsolutiert, daß sie zwangsläufig zu einer unerfüllten Erwartung werden muß.

Während im Mittelalter die Kontrolle über die Triebe und die äußeren Empfindungen und in der Aufklärung die Selbstdistanz gelehrt wurden, vollzieht sich in der bürgerlichen Moralerziehung die Beherrschung der inneren Empfindungen, des Selbstgefühls und des Bewußtseins. Die Liebe wird auf Sparflamme gestellt. Nur ganz selten lieben sich zwei Menschen gleichzeitig. Entweder man wartet auf die Liebe, die man wahrscheinlich nie kennenlernen wird, oder man bescheidet sich. Die realen Erfahrungen fallen nicht mehr zusammen mit dem, was man sich vom Leben erhofft hat. Die Erwartung richtet sich erneut auf ein anderes, außerhalb der Realität liegendes Traumland. Nicht zufällig nennt Eichendorff eines seiner schönsten Gedichte *Erwartung*. Es gibt die Stimmung der Zeit wie kaum ein anderes Stück Literatur wieder: »Ihr alle, ach, gemeinsam/ Fliegt zu der Liebsten hin/ Sagt ihr, wie ich hier einsam/ Und voller Sorgen bin«.

Die Kluft zwischen Erwartung und Erfüllung schließt sich erst wieder um 1900, wenn auch nur kurzzeitig: Die Lust am Augenblick, am Hier und Jetzt dominiert die Lebensstimmung um die Jahrhundertwende. In der Wiener Moderne – bei Schnitzler, bei Wedekind – triumphiert die sexuelle Revolution. Doch auch diese – neue – Art der Liebe hat ihre Grenzen. Das Zelebrieren von Rausch und Exzeß prallt auf verkrüppelte Militaristen und Preußenbegeisterte, die mit diesem Umbruch rein gar nichts anzufangen wissen.

Zwei Weltkriege verändern schließlich radikal die Einstellung zur Liebe. Während der Kriege existiert eine Vielzahl von Mustern nebeneinander: die Verzögerung und das Hinausschieben von Lust ebenso wie das spontane und hemmungslose Ausleben. In der Nachkriegszeit – einer Zeit der Auflösung und Neukonstitution zugleich – kommt es zu einer Renaissance des idyllischen Liebesmodells. Heim und Herd werden dabei nicht mehr wie im Nationalsozialismus glorifiziert, um ein vorgegebenes Frauenbild zu zementieren, sondern sind nach zwölf Jahren Krieg und Terror schlichte Lebensnotwendigkeit.

Und heute, wo stehen wir mit all unseren Hoffnungen, Sehnsüchten und vernunftgeleiteten Einsichten? Es scheint, als erlaube die sogenannte Postmoderne die Existenz aller Formen von Liebe nebeneinander: Verzicht auf die Liebe für die Karriere, Affären, langjährige Beziehungen in allen Geschlechterkombinationen. Dem Spiel mit der Liebe sind keine Grenzen mehr gesetzt. Die Horizonte der Erwartung verschieben sich je nach Stimmung und Laune, je nachdem, in was für einer Lebensphase man sich gerade befindet. Das in Szene gesetzte Single-Dasein kann ohne Angaben von Gründen und Motiven von einem traditionellen Familienleben abgelöst werden. Inwieweit sich die Erwartungen für all die vielen Lebens- und Liebesumstände mit den vorgegebenen Realitäten in Einklang befinden, sei dahingestellt.

Liebe und Warten sind nicht unabhängig voneinander denkbar, mal sind sie mehr, mal weniger aufeinander bezogen, mal im Jenseits, mal im Diesseits verankert. Solange die Liebe als kulturelles Phänomen gedeutet wird und das Warten konstitutiv für die Kultur ist, solange lassen sich das Warten und die Liebe nicht voneinander trennen. Wenn wir von Liebe sprechen, müssen wir die Erwartung mit in Betracht ziehen.

In der Antike begriff man, daß eine ideale Liebe nie einholbar ist, und lebte im Zeichen einer Erotik, im Rahmen derer es überflüssig war, zwischen Erfahrung und Erwartung zu unterscheiden. Die Erotik verwies dabei nicht auf anderes, sondern nur auf sich selbst.

Ähnlich gestaltete sich die Erwartung im Mittelalter. Dogmatische Lustfeindlichkeit stand neben ungezügelter Lustauslebung. Wie man auch in der Aufklärung, zur Zeit der »vernünftigen Liebe«, kaum wartete. Daß die eigene Sehnsucht nicht erfüllt wird, galt als selbstverständlich. Am Ende des 18. Jahrhunderts beginnt der Erwartungsbegriff konkrete Gestalt anzunehmen: die idealisierte Liebe steht im Mißverhältnis zur Ödnis der eigenen Erfahrung. Erst als dieses Mißverhältnis ins Bewußtsein dringt, können wir mit gutem Recht davon sprechen, daß die alltägliche Erfahrung die Menschen in ein Unglück einkerkert, das sie ihr Glück woanders suchen läßt. Die graue Realität verpflanzt sämtliche Erwartungen, Träume und Wünsche in eine irreale Sphäre. Nachdem die Menschen in ihre eigene Verantwortlichkeit entlassen worden sind und im Jenseits kein Heil mehr erhoffen können, sind sie ihrem eigenen (traurigen) Schicksal ausgeliefert.

So kommt es zur großen Illusionierung der Erwartung: die Erwartung löst sich vom Gegenwärtigen und Nächsten und richtet sich zunehmend aufs Zukünftige, Fernste und Letzte. Womit das Rad der Geschichte sich um sich selbst zu drehen beginnt: die Illusionierung der Erwartung steigert den Erfahrungsverlust, und damit verdammt sie den Menschen dazu, fast nur noch erwartend und gar nicht mehr erfahrend zu existieren.

Es ist nicht zuletzt auf diese Hintergründe zurückzuführen, daß das Warten heutzutage negativ konnotiert ist. Warten bedeutet, bestimmte Erfahrungen nicht mehr zu machen, sie zu verschieben und damit sich selbst ein Versprechen auf das Glück zu geben, von dem keiner weiß, ob es sich jemals einlösen wird.

Viel schlimmer noch: in dem Augenblick, in dem es

sich wider Erwarten einzulösen scheint, verflüchtigt es sich. Denn nichts scheint fürchterlicher, als auf eine geliebte Person zu warten, die nicht kommt, doch kommt sie schließlich, so müssen wir erfahren, daß das, was wir mit ihrem Eintreffen erhofft haben, nicht Wirklichkeit wird. Man leidet zuerst, weil die Liebe sich noch nicht erfüllt hat, und dann leidet man, weil sie nicht das hält, was sie versprochen hat.

Liebe dauert immer nur kurze Zeit. Die Erfüllung ist beinahe schon das Ende; man muß sie fast schon fürchten und versuchen hinauszuzögern oder am besten ganz vermeiden. Der Widerstand, der Umweg, die Verhinderung, das Warten können nicht hoch genug geschätzt werden, denn sie allein verleihen der Liebe Dauer.

# III
# Denn Leiden beschied mir ein Dämon

Nun können wir uns ein ungefähres Bild davon machen, was Liebe, Warten und Erwartung in den bedeutendsten Epochen der Menschheitsgeschichte für einen Stellenwert hatten. Wie gehen nun *einzelne* Figuren mit Situationen um, in denen sie warten – warten müssen oder warten wollen, könnte man unterscheiden, wüßte man nicht, daß es mit dem »warten wollen« so eine Sache ist. Denn warten im landläufigen Sinn will eigentlich niemand so recht.

Eine der bekanntesten wartenden Frauen der Antike ist Penelope, der das Warten, wie man weiß, alles andere als leichtfällt. Nach einer kurzen Zeit des Glücks mit Odysseus, dem König von Ithaka, zieht dieser in den Krieg gegen Troja. Zehn Jahre dauert der Belagerungszustand, zehn Jahre, in denen sich Odysseus mit seinem Gefolge nicht aus Troja zurückziehen kann. Während dieser langen Zeit muß Penelope zu Hause auf ihren Mann warten und Tag für Tag darauf hoffen, daß er endlich zurückkehrt. Schließlich erringen die Griechen tatsächlich den Sieg über die Trojaner, aber statt in die Heimat führt Odysseus seine Leute auf weitere willkommene und unwillkommene Irrwege. Der treuen Gattin Penelope bleibt nichts anderes übrig, als weitere Jahre voll Kummer und Leid auf die Wiederkehr ihres Mannes zu warten. Warten und Leiden – eine tragische Komplizenschaft, die uns in der Literatur häufig begegnet.

Während der Mann den aktiven Part in der Geschichte übernimmt, fällt der Frau die passive Rolle zu.

Kaum kann man glauben, daß es Penelope nicht das eine oder andere Mal danach gelüstete, ihr Schicksal selbst in die Hand zu nehmen und dem Werben eines der Freier nachzugeben, die jahrelang in der Hoffnung auf die Nachfolge Odysseus' ihr Haus belagern: »Als sie nun oben kam mit den Jungfraun, weinte sie wieder/ Ihren trauten Gemahl Odysseus; bis ihr Athene/ Sanft mit süßem Schlummer die Augenlider bethaute./ Aber nun lärmten die Freier umher in dem schattichten Saale,/ Denn sie wünschten sich alle, mit ihr das Bette zu teilen.«

Obwohl Verzweiflung und Schwermut »die Jammernde, Herzlichbetrübte« befallen, hält Penelope den Werbern stand. Konvention, Pflicht und wohl auch Liebe lassen ihr keinen anderen Weg, als sich dem auferlegten Schicksal zu fügen, sich dem Warten oder der Flucht in den Schlaf hinzugeben: »Also sann sie voller Angst. Doch sanft umfing sie der Schlummer,/ Und sie entschlief hinsinkend, es lösten sich alle Gelenke.«

Trotz eines weiteren Schicksalsschlages – Penelopes Sohn muß auch in den Krieg – bleibt sie unbestechlich. Selbst dem schlauesten Verführer hält sie stand, keiner Verlockung gibt sie nach. Sie akzeptiert ihr – ewig weibliches – Schicksal, wartet und leidet: »Aber jetzo traur' ich; denn Leiden beschied mir ein Dämon!« Und am Ende wird die lange Zeit des Leidens dann tatsächlich belohnt: nicht nur weiß Penelope schon bald den Sohn lebend, auch Odysseus kehrt nach vielen Jahren heim, um sich vergewissern zu können, daß seine Frau ihm all die Jahre treu ergeben war und ihre Zeit mit nichts anderem verbracht hat, als hingebungsvoll auf den Gatten zu warten.

So erfüllt sich also ein ehernes menschliches Gesetz ein weiteres Mal: beugen sich Frauen den Erwartungen, die man an sie stellt, so werden sie belohnt. Warten sie und halten sich an die Konventionen, so ist ihnen schließlich das lang ersehnte Glück vergönnt. Aber wehe, sie brechen mit den traditionellen Vorgaben und schlagen über die Stränge, dann drohen ihnen Schicksalsschläge, von denen sie sich nicht mehr erholen.

Eine Geschichte, in der das Warten weder von Erfolg gekrönt noch einen tragischen Ausgang nimmt, schildert John Galsworthy in seinem Roman *Ein Mädchen wartet*. Dieses Werk besteht aus einer ganzen Reihe von Handlungssträngen: unglückliche Liebesgeschichten, dramatische Verwicklungen, kranke Ehemänner, die der Psychiatrie entkommen und zu einer Gefahr für ihre Familie werden. Die Hauptfigur des Romans, Dinny, bleibt jedoch von allen Vorgängen relativ unberührt. Sie ist zwar von den Irrungen und Wirrungen betroffen und irgendwie involviert, aber eben nur irgendwie, nur ganz am Rande. Ihre Gedanken werden an einer Stelle wie folgt referiert: »Wie ereignislos verlief doch ihr eignes Leben in der vorgeschriebenen Bahn! Was für Abenteuer barg es, was für Gefahren? ›Leute, die auf eignen Füßen stehn, führen ein viel spannenderes Leben‹, dachte sie. *Ihr* Beruf war es bisher gewesen, keinen Beruf zu haben … ›Ach, ich führe ein langweiliges Dasein, ich warte nur immer und warte.‹«

Im Gegensatz zu anderen dramatischen Figuren gelingt es Dinny zu keinem Zeitpunkt und in keiner Situation, das Schicksal herauszufordern. Sie bleibt befangen in der eintönigen Rolle einer Haustochter, die von außen auf das Leben schaut, aber nicht an ihm teilnimmt. Die Langeweile ihres Daseins holt sie immer wieder ein, sosehr sie sich auch bemüht, ihrem Leben einen Sinn zu geben. Alle ihre Versuche, festgefahrene Bahnen zu verlassen, sind zum Scheitern verurteilt.

Im Gegensatz zu anderen Frauenfiguren, die warten und dabei von einem Dilemma in das andere fallen, wird bei Dinny durch das Warten keinerlei Dynamik in Gang gesetzt. Dinny wartet, ohne daß die tragischen, zwar verzehrenden, dabei aber sinnstiftenden Verwicklungen des Lebens sie berühren. Zunächst trotzt sie der Passivität des Wartens noch eine positive Seite ab – sie lehnt sich einfach zurück und läßt das Leben Leben sein. Sie ist mit ihrer Existenz zwar nicht zufrieden, aber auch nicht so unglücklich, daß sie sich dringend etwas einfallen lassen müßte, um es zu ändern. Ihre Tage vergehen in nichtiger Langeweile. »Der Rest des Tages ließ sich um so schwerer totschlagen«, ist ein Satz, der Dinny jeden Tag aus der Seele spricht.

Irgendwann dann hört Dinny auf zu warten, allerdings nicht, indem sie sich dies bewußt vor Augen führt. Sie erkennt zwar, daß das Geschehen an anderen Orten denn an denen, die sie aufsucht, stattfindet; doch sie schafft es nicht, ihr eigenes Schicksal in die Hand zu nehmen und es zu ändern.

Dinnys Dilemma ist, daß sie weder zu wenig noch zuviel wartet. Sie ist sozusagen guter Durchschnitt, sie erstarrt in Langeweile und wird sich nur am Rande bewußt, daß das Leben an ihr vorbeizieht.

Die Passivität des eigenen Daseins ohne größeren Widerstand, ja fast gelassen zu ertragen, ist nur wenigen Protagonistinnen des 19. Jahrhunderts vergönnt. Auch Gustave Flauberts Emma Bovary ist eine klassische Wartende, allerdings auf gänzlich andere Weise als Dinny.

Für Emma Rouault fängt alles gar nicht so schlecht an. Ihr zukünftiger Ehemann Charles, bis dahin ein langweiliger Spießer, wie er im Buche steht, verliebt sich in die junge Emma in einer ihm kaum zugetrauten Weise: leidenschaftlich, ohne Rücksicht auf Konventionen, in gewisser Hinsicht ohne Sinn und Verstand. Kaum verwunderlich, daß auf dem Fuße folgt, was zu befürchten war: ob dieses hemmungslosen, der Zeit nicht angemessenen Gefühlsausbruchs und des prompt folgenden schlechten Gewissens verfällt Charles in tiefe Depressionen. Und damit sind alle Vorbedingungen erfüllt, die das, was sich wie eine große Liebesgeschichte anläßt, in eine banale Ehegeschichte abgleiten lassen sollten.

Emma und Charles geben – ganz den Konventionen der Zeit entsprechend – ihre Verlobung bekannt, womit Charles seiner manisch-depressiven Anwandlungen Herr zu werden hofft und Emma endlich ihre Jugendträume in Erfüllung gehen sieht. Die frisch Verlobten nähern sich auf zurückhaltende Weise auch erotisch an und finden aneinander Gefallen. Die lange Zeit der Verlobung erstickt jedoch den Ausbruch jeder wirklichen Leidenschaft. Sobald Emma und Charles schließlich in der ehelichen Gemeinschaft zueinandergefunden haben, machen sie nichts anderes, als sich in pragmatischer Organisation und Repräsentation zu üben. Und ihr Liebesglück findet ein Ende, bevor es überhaupt zur Blüte erwachen konnte.

Charles ist fortan zufrieden: er liebt seine Frau, stellt keine großen Ansprüche an sein Leben, ist so geworden, wie sich schon früh im Roman abzeichnete: »Er erfüllte sein tägliches Arbeitspensum wie ein Gaul im Hippodrom, der in einem fort den Hufschlag hintrottet, ohne zu wissen, was für ein Geschäft er eigentlich verrichtet.« Emma hingegen ist eine typische Romanfigur des 19. Jahrhunderts, die daran zerbricht, daß das

Leben nicht bringt, was sie sich einst davon erhofft und ersehnt hat.

Was uns bei Emma am meisten berührt, ist nicht ihr dramatisches, reales Unglück, in das sie sich bewußt hineinbegibt und dem sie am Ende nicht mehr entfliehen kann. Viel gegenwärtiger bleibt uns, auch nach vielen Jahren der Lektüre, das über ihr schwebende, schwelende, sozusagen irreale Unglück, das das Drama ihres Daseins von Anbeginn an ausmacht: die Kluft zwischen dem Leben, das sie erwartet, und dem, was es tatsächlich ist. »Aber als das Glück, das sie aus dieser Liebe erwartete, ausblieb, da mußte sie sich doch getäuscht haben. So dachte sie. Und sie gab sich Mühe, zu ergrübeln, wo eigentlich in der Wirklichkeit all das Schöne sei, das in den Romanen mit den Worten Glückseligkeit, Leidenschaft und Rausch so verlokkend geschildert wurde«, so Emmas Gedanken schon in den Flitterwochen.

Die Romanwelten, die Emma aus ihren Lektüren kennt und die sie ersehnt, haben nichts mit der Wirklichkeit zu tun, die sie antrifft. Der Alltag – das Kleinstadtleben, die Führung des Haushaltes, die Erziehung der Tochter – füllt sie keineswegs aus. Und selbst die außergewöhnlichen Ereignisse, die den Großteil der Kleinstadtbevölkerung aus ihrer Lethargie herausreißen, befriedigen Emma nicht. Die Abwechslungen kommen nicht einmal ansatzweise den romantischen Traumwelten nahe, die sie aus den Büchern kennt. Je länger Emma darüber nachsinnt, was ihr zum Glück fehlt, desto offensichtlicher wird, daß sie es überhaupt nicht benennen kann. Allein das Wissen um ein »Anderes« in der Welt reicht aus, Emma in eine melancholische Stimmung zu versetzen, die von Wehmut und diffuser Sehnsucht dominiert ist. Die Landschaft um sie herum, die kleinlichen armseligen Spießbürger, ihr ganzes Durchschnittsdasein mitsamt den lauwarmen Gefühlen – all das flößt Emma einen Abscheu ein, den sie nicht abschütteln kann. Doch ihre Phantasiewelten, die sich aus Literatur und Kunst speisen, reichen nicht aus, um ihrem Alltag ein befriedigendes Gegengewicht zu geben. Im Gegenteil – ist Emma ins normale Leben zurückgekehrt, hinterlassen diese Träume einen schalen Nachgeschmack, den Emma nicht loswerden kann und der alles um sie herum zu infizieren scheint.

Die junge Madame Bovary wehrt sich jedoch gegen die Ereignislosigkeit ihres ländlichen Alltags. Das passive Warten auf den Märchenprinzen bleibt ohne Erfolg, und so verliebt sie sich – relativ willkürlich – in den Apothekergehilfen Léon, der für sie den Himmel auf Erden verkörpert. Zu scheu und unerfahren, sich von Gefühlen wirklich mitreißen zu lassen, läßt sie allerdings diese erste Chance eines richtigen Seitensprunges an sich vorüberziehen. Eine Alternative läßt nicht lange auf sich warten. Kaum hat sich Léon, der zuerst Auserkorene, aus der Stadt verabschiedet und Emma den ersten Schmerz überwunden, erscheint der nächste Verehrer, der stattliche Rodolphe, dessen Werben sie bereits nach kurzer Zeit erhört. Was Emma in den ersten Gefühlstaumeln als Liebe mißversteht, führt bald zu noch größerem Unglück. Denn auch die Liebe, die sie endlich glaubt kennenzulernen, hält nicht das, was unsere Heldin aus den Liebesschilderungen ihrer Bücher kennt. Emmas Weltschmerz, den sie gehofft hatte durch diese für sie nicht ganz unriskante Abwechslung ein für allemal zu lindern, verwurzelt sich mit um so größerer Vehemenz in ihrem Leben. In Treulosigkeit geübt und in Liebesspielen raffiniert, besinnt Emma sich, nachdem die Beziehung mit Rodolphe endgültig in die Brüche gegangen ist, ihres alten Schwarms Léon, wirft sich ihm hemmungslos in die Arme, doch nur um mit ihm dieselben Enttäuschungen durchzuleben, die sie bereits mit Rodolphe gemacht hat.

Emma ist ehrgeizig und gewillt, mehr vom Leben zu verlangen, als sie tatsächlich hat. Sie ist emotional, malt sich Liebeswelten aus, die sie aus der Tristesse ihres Alltages entführen sollen. Dabei liebt sie nicht die Männer, mit denen sie sich einläßt. Allein der *Gedanke*, einen Geliebten zu haben, begeistert sie.

Überall jedoch findet sie die Banalität ihrer Ehe wieder. »Sie rief sich alles einzeln ins Gedächtnis zurück: ihren unbefriedigten Hang zum Lebensgenuß, die Einsamkeit ihrer Seele, die Armseligkeit ihrer Ehe, ihres Hausstandes, ihre Träume und Illusionen.« Vor dem Hintergrund ihrer Liebesabenteuer wird Emmas Ehe mit Charles immer schwieriger und unerträglicher: Charles erscheint tumber und trostloser denn je, die gemeinsame Tochter noch unwichtiger; das Kleinstadtleben noch einengender und frustrierender.

Emma Bovary gelingt es nicht, ihrem Leben eine Wendung zu geben. Die wenigen Momente des Glücks und der Glückseligkeit genügen nicht, um Sie mit ihrem Schicksal zu versöhnen. Sie verfällt in tiefe Depressionen und taucht in das ein, was sie ihr Leben lang an der Existenz ihrer Umgebung als so abstoßend empfunden hat: in Dumpfheit, Borniertheit und Spießigkeit. Der immer größer werdenden Selbstzerstörung scheinen keine Grenzen gesetzt. Lügen, Betrug und Unzufriedenheit führen schließlich zur völligen Selbstaufgabe: Emma Bovary nimmt sich selbst das Leben, ihr grausamer Tod subsumiert die Leiden ihres Daseins.

Bei Emma Bovary ist die Kluft zwischen dem, was sie sich von ihrem Leben erwartet, und dem, was tatsächlich in Erfüllung gehen kann, von Anfang an zu groß, als daß ihr Leben eine andere Wendung nehmen könnte. Ihr Sehnen und Hoffen konzentriert sich auf etwas, das außerhalb der Realität liegt, zumindest *ihrer* Realität. Emma Bovary bleibt ganz und gar ihrer Zeit verhaftet, den romantischen Sehnsüchten und Idealwelten, gespeist aus Bildern ferner Welten. Ihr Dasein entspricht den Frauengestalten, die auf Caspar David Friedrichs Gemälden zu sehen sind: Frauen, die wartend am Fenster stehen und auf das Meer schauen, auf der Suche nach etwas, von dem sie denken, sie würden es am Horizont erblicken. Es kommt jedoch nie näher und bleibt für immer in unerreichbarer Ferne. Emma wartet auf ein Ungewisses, das sie nicht benennen kann; ihre Erwartung ist auf etwas projiziert, das es nicht gibt. Emmas Tragik ist nicht, daß sie wartet – tragisch ist, daß es das, worauf Emma wartet, gar nicht gibt und daß es ihr nicht gelingt, sich dies einzugestehen.

Ganz anders begegnet uns in Anton Tschechows *Drei Schwestern* das Motiv des Wartens. Abgeschottet vom Großstadtleben, ja sogar vom Treiben einer Kleinstadt, leben die drei Schwestern mit ihrem Bruder auf einem Gutshof, auf den sie sich nach dem Tod des Vaters zurückgezogen haben. Viel Abwechslung bietet dieses Leben nicht: den einen oder anderen Besucher; dann und wann ein kleines Fest; selten genug einen Ausflug. In erster Linie sind diese Menschen damit beschäftigt, ihre Familienquerelen zu überstehen. Alle wissen, daß sie Sorge dafür tragen müssen, miteinander auszukommen, sonst würde das mühsam zusammengehaltene Gefüge in sich zusammenbrechen – und damit wäre keinem geholfen. Also übt man sich in Nachsicht, um kurz darauf wieder in die alten Muster der Streitereien und Zänkereien zu verfallen. Eines jedoch unterscheidet die drei Schwestern von ihrem Bruder sowie von den Menschen, die in ihrem Haus ein und aus gehen. Alle drei warten auf ein besseres Leben, von dem sie, anders als Emma Bovary, genau wissen, wie es aussieht.

Irina, Mascha und Olga haben denselben großen Traum: zurück nach Moskau zu gehen, in jene Stadt, die sie mit ihrer glücklichen Kindheit und Jugend in Verbindung bringen. Moskau ist der Kristallisationspunkt für alle Wünsche und Träume, für das Glück schlechthin. An ihre Zeit in Moskau erinnern sich die drei Schwestern gern, weil in Moskau der geliebte Vater noch unter ihnen weilte; weil der Bruder sich noch nicht als der Trottel herausgestellt hatte, der er an der Seite seiner Frau werden sollte; und weil alle drei sich noch eine eigene glückliche Zukunft ausmalen konnten.

Moskau ist für die drei Schwestern der Inbegriff dessen, für was es sich lohnt, zu warten und – für einen gewissen Zeitraum, der die Gegenwart von der Zukunft trennt – ein wenig abwechslungsreiches Leben in Kauf zu nehmen. Dieser Schimmer am Horizont verleiht Irina, Mascha und Olga eine geradezu heitere Ausstrahlung, die sie grundsätzlich von ihrem Bruder Andrej Sergejewitsch Prosorow unterscheidet. An der Seite seiner Frau Natalja ist er zu einem resignierten Langweiler verkommen, für den Moskau nicht minder als für seine Schwestern die Inkarnation eines guten Lebens bedeutet – allerdings weiß Andrej, daß ihm die Rückkehr ein für allemal verwehrt ist.

Moskau ist bei Tschechow ein Synonym für alle bisher verpaßten und verpatzten Lebenschancen und -hoffnungen, die sich noch nicht ins Nichts aufgelöst haben, aus weiter Ferne scheint die Stadt wie ein Versprechen: Irina denkt, in Moskau endlich eine Arbeit zu finden, die sie ganz erfüllt. Für Mascha ist Moskau gleichbedeutend mit ihrer – verklärten – Jugend ohne Fjodor Iljitsch Kulygin, ihren Quälgeist von einem Ehemann. Für Olga symbolisiert Moskau eine Unbeschwertheit, die ihr abhanden gekommen ist, seitdem man sie in der Schule, an der sie unterrichtet, mit vermeintlich sinnloser Arbeit überhäuft.

»Wir fahren nach Moskau« und »Ich glaube, wenn ich in Moskau wäre, wäre mir das Wetter gleichgültig« sind Aussagen, die alles und nichts zugleich bedeuten. Irina, Mascha und Olga wissen vermutlich, daß sie nie in ihrem Leben nach Moskau zurückkehren werden. Aber es gibt ein Moskau, eine real benennbare und real existierende Stadt, zu der sich in der größten Not ein Weg finden lassen würde. Allein dieses Wissen reicht den drei Schwestern aus, sich mit ihrer Realität in der Provinz zu arrangieren. Anstatt sich depressiv, auf eine bessere Zukunft wartend, in die Untätigkeit zurückzuziehen, finden sie sich – meist eher schlecht als recht – mit dem Alltag ab.

»Ich wartete und hoffte immer, daß wir nach Moskau übersiedeln und ich dort meinen Wirklichen finde« – dies ist ein Eingeständnis, daß das eigene Leben gescheitert ist, und gleichzeitig eine Aufforderung, sich aus dem selbst verursachten Unglück und dem eigenen Sumpf herauszuziehen. Im Gegensatz zu Emma Bovary (und in gewisser Hinsicht auch zu Bruder Andrej, der weiß, daß es für ihn niemals ein Moskau mehr geben wird) richten die drei Schwestern ihre Wünsche und Träume nicht auf ein Anderes, das es nicht gibt. Sie lenken es auf eine Realität, die zwar nicht greifbar, aber rein theoretisch erreichbar ist und die das Leben zumindest erträglich macht.

Während Emma sich in romantische Träume hineinsteigert, die ihre kleinbürgerliche Existenz nur noch zementieren, sind Tschechows Figuren geprägt durch ein Großbürgertum, das niemals gezwungen war, seine Ansprüche an das Leben auf ein entferntes Fremdes zu verlagern. Bei Flaubert fallen, wenn man sich Rechenschaft über sein eigenes Leben ablegt, alle Ideale wie ein Kartenhaus in sich zusammen – es gibt nichts, auf das es sich zu warten lohnt. Bei Tschechow hat jeder seine eigene Realität, sein eigenes Moskau, und das Warten darauf durchdringt den Alltag und macht ihn erträglich – das Warten lohnt sich, auch ohne dem Ziel näher zu kommen.

# IV
# Ertrinken im eigenen Selbst

Die bisher genannten Beispiele legen einen Unterschied zwischen männlichem und weiblichem Warten nahe. Plausibel, weil banal scheint folgende Tendenz: Da Frauen, wie emanzipiert sie auch immer sein mögen, eine Erziehung genossen haben, die sie im privaten wie öffentlichen Bereich meist auf eine passive Rolle festgelegt hat, finden sie sich eher als Männer damit ab, warten zu müssen, egal in welchem Zusammenhang. Das Warten ist ihnen sozusagen in die Wiege gelegt worden. Es gibt heutzutage unzählige Frauen, die warten und sich nicht einmal übermäßig darüber beschweren, daß man ihnen diese passive Position zuweist. Aus welchen Gründen auch immer schlüpfen sie in Rollen, von denen sie genau wissen, daß sie auf Dauer in ihnen nicht glücklich werden; allein es fehlt ihnen der Mut oder die Kraft oder schlicht die Selbstkritik, sich dieser Rollen zu entledigen. Frauen sind nun mal eher masochistisch, hört man, sie brauchen das Leiden – und das Warten. Ob das nicht ein bißchen simpel gedacht ist?

»Nichts ist unerträglicher als die Hoffnung«, lesen wir als ersten Satz in Annette Meyhöfers Buch *Vom Glück der Geliebten*, das prägnant wie kaum ein anderes das Leid des Geliebtendaseins thematisiert. »Das Schicksal der Geliebten ist, daß sie warten.« Und damit ist knapp und präzise ihr Dilemma auf den Punkt gebracht – die Geliebte ist die Inkarnation der Passivität: Sie *ist* nicht Geliebte, sondern ihr Liebhaber *hat sie* zur Geliebten. Damit ist der Mechanismus festgelegt: Er bestimmt die Regeln, und sie gehorcht, richtet sich nach ihm, gibt – wenn es sein muß – sogar Freunde und Familie auf. Arbeit und Karriere werden vernachlässigt; das einzige, was zählt, ist das Wiedersehen mit dem Liebhaber, auf das sie häufig genug Tage und Wochen warten muß.

Die Hoffnung beherrscht die Geliebte voll und ganz, ergreift von ihrem ganzen Dasein Besitz, bis nichts mehr übrigbleibt von der Person, die sie einmal war, bis sie ihrer eigenen Geschichte beraubt ist. Dies ist keineswegs bloß ein Mythos, es ist die harte Realität, von der jede Geliebte ein Lied zu singen weiß. Die Hoffnung hält sie am Leben, sie tut nichts mehr, als zu warten: darauf zu warten, daß er anruft, daß er kommt, daß er endlich Frau und Kind verläßt, um ganz und ausschließlich mit ihr zusammen zu sein. Am Anfang scheint es noch, als sei die Geliebte gegenüber der Ehefrau in der besseren Position, aber dieses Verhältnis kehrt sich zunehmend um. Und irgendwann sitzt die Geliebte am kürzeren Hebel. Je häufiger er zu seiner Frau zurückkehrt, um so erbärmlicher wird die Rolle, die die Geliebte für sich akzeptiert hat.

Die Geliebte wartet anders als Emma Bovary und die übrigen bisher betrachteten Wartenden. Sie wartet nicht ziellos und auch nicht auf ein fernes Ziel, sondern sie hat ein einziges, alles beherrschendes, übermächtiges Ziel, das ihre Person – das ahnt sie selbst – zerstören und vernichten kann: den Liebhaber zu erobern, ihn jede Sekunde und jede Minute seines Lebens für sich zu haben. Was die Geliebte so unerträglich für ihre Umgebung macht, ist ihre selbstgewählte Isolation – die Realität, und sei es in Form freundschaftlicher Ratschläge, dringt nicht mehr zu ihr durch, ihre Wahrnehmung ist vollkommen verzerrt. Die Hoffnung, die sie erfüllt, dominiert alles und macht die Geliebte in jeder Hinsicht unzugänglich. Die Geliebte hofft und wartet, liebt unablässig über ihre eigenen Verhältnisse. Sie ertrinkt im eigenen Selbst, wie der amerikanische Soziologe Richard Sennett in seiner Analyse des aufkommenden Bürgertums so treffend formuliert.

In den wenigen lichten Momenten, in denen die Geliebte mit Distanz auf ihr Leben blickt, kann es vorkommen, daß sie sich die naheliegenden Fragen stellt: Wie lange muß eine Affäre andauern, um keine Affäre mehr zu sein? Wie lange soll sie noch warten, bis der Angebetete sich endlich zu ihr bekennt? Soll sie nicht doch versuchen sich aus der Beziehung zu befreien?

»Es ist ja schon fast lächerlich, daß man dasitzt und auf ihn wartet, daß man sich auch noch schön macht für ihn, und obwohl man vor Wut platzen könnte, weil er wieder einmal eine Stunde später gekommen ist, begrüßt man ihn, ›oh, mein Liebling, schön, daß du da bist‹.« Als ob man für das Glück des Augenblicks leben könnte. Dabei weiß die Geliebte ganz genau, daß das das letzte ist, was funktioniert. In jeder Begegnung nimmt sie den Abschied vorweg, »es gibt am Ende sogar schon so etwas wie eine Furcht vor dem Glück«.

Nur zu genau ist sich die Geliebte darüber im klaren, daß alles Warten und Hoffen Selbstbetrug ist. Die Zukunft, auf die sie hofft, verschwimmt immer mehr und verliert alle klaren Konturen. Irgendwann weiß sie überhaupt nicht mehr, wie sie sich eine Zukunft mit dem Mann, den sie schon so lange begehrt hat, vorzustellen hat. Nicht nur, daß die Zukunft in große Ferne rückt, ihr eigenes Begehren kehrt sich zunehmend gegen den Geliebten. Die Beziehung zerrt ihre Eigendynamik allein aus der zunehmend verklärten Vergangenheit des ersten Glücks.

Diese Vergangenheit und auch der Geliebte selbst werden umgelogen und beschönigt, damit man sich noch mehr in den eigenen Selbstbetrug einlullen kann: »Aber wenn man keine zwei Minuten warten kann, um dann unter Umständen allerdings vierzehn Tage zu warten, und auch diese Tage sind niemals eine Ruhepause, denn es enden die Gedanken ja nie, und in ihnen ändert sich das Bild des anderen ständig, und auch das Bild, das man sich von sich selbst zu machen hat, ändert sich minütlich.« Die Realität um einen herum löst sich auf; »normale« Zeitstrukturen sind nicht mehr anwendbar auf das, was man eher schlecht als recht versucht, unter Kontrolle zu bringen. Was für andere, die warten, nur am Horizont aufleuchtet oder auf ein fernes Terrain, das niemand kennt, projiziert ist, wird in dieser Konstellation zu einer Art übermächtiger Realität, die ihren eigenen Gesetzen gehorcht. Das Warten hebt sich gleichsam selbst auf. Das Ziel, das Erwartete wird so übermächtig, daß es alles andere in sich aufsaugt und verschlingt, daß es Zeit zum Stillstand bringt und nicht mehr zwischen Vergangenheit, Gegenwart und Zukunft zu unterscheiden ist.

Nicht ganz abwegig scheint der wiederholt vorgebrachte Hinweis, jede Geliebte müsse Masochistin sein. Wer ist schon so naiv und läßt sich auf unabsehbare Zeit auf eine solche Abhängigkeit und Passivität ein? Doch nur, wer an dieser leidvollen Rolle auch ein klein wenig Vergnügen findet. Der Hang der Geliebten zur Selbstzerstörung festigt die Beziehung, in der es keineswegs um ein konkretes Ziel geht. Einer Masochistin ist an dem puren Warten gelegen. Nicht die Erfüllung ihrer Träume und Ziele ist Gegenstand ihres Antriebes. Ausschließlich im Warten selbst findet sie die Bestätigung, nach der sie sucht.

»Die Form des Masochismus ist das Warten«, schreibt Gilles Deleuze, einer der bedeutendsten französischen Philosophen dieses Jahrhunderts, der den Schriften von Leopold von Sacher-Masoch ihre Aktualität zurückgegeben hat. Wenn es so etwas wie einen Reinzustand des Wartens gibt, dann findet man ihn beim Masochisten: »Das reine Warten teilt sich in zwei gleichzeitige Ströme: der eine stellt dar, *worauf man wartet*, was aber wesentlich auf sich warten läßt, immer verzögert, immer aufgeschoben ist; der andere das, *was man erwartet*, das, was allein die Ankunft dessen, worauf gewartet wird, beschleunigen könnte.« Das Warten selbst gerät zur Einheit von Ideal und Wirklichkeit.

Ein Stillstand von Zeit findet statt, den Sacher-Masoch nirgendwo eindringlicher verkörpert findet als in der bildenden Kunst. Anhand der Gipsfiguren des amerikanischen Malers und Bildhauers George Segal können wir nachvollziehen, was Sacher-Masoch meint: In Segals Figuren erkennen wir die Versteinerung dessen, was Warten heißt, ohne daß die Figuren auf Würde, Individualität und innere Fragilität verzichten müssen. Segals Figuren sind genau beobachtet und emphatisch wiedergegeben; jedes einzelne Detail legt die ganze Erfahrung und Geschichte offen, die sie durchlebt haben, jeden Grad von Emotion, der zwischen Resignation und betonter Lust angesiedelt ist. Allein dem Künstler ist es gegeben, einen Moment des Wartens einzufangen, das dem Leben und dem Tod näher ist als alles andere, was uns begegnet. Die Kunst kann bannen, was sich gemeinhin verflüchtigt.

Auch im masochistischen Akt der körperlichen Vereinigung geht es nicht um die Befriedigung des Verlangens, sondern um den Aufschub, der sich zwischen Begehren und Erfüllung schiebt. Das Hinauszögern, das Warten wird zum eigentlichen Motiv, das die Handlung selbst überlagert, sie an einen Ort verlegt, in dem Zeit- und Raumstrukturen keine Bedeutung mehr haben. Für den Masochisten sind die Erfahrung des Wartens und der Zustand der Schwebe essentiell. Dabei ist es nichts Konkretes, auf das gewartet wird; das Selbst liefert sich der Unendlichkeit des Aufschubs aus. Allein daraus zieht es seinen Lustgewinn.

Es wäre anmaßend, würde man allen Geliebten dieser Welt unterstellen, sie seien im Wesen masochistisch. Oft gehört die Geliebte in die Kategorie Frauen, die in anderen Lebensbereichen genau das Gegenteil der passiven, leidenden Frauen ist und zudem nicht notwendigerweise masochistische sexuelle Vorlieben hat. Und trotzdem – das ist das Erstaunliche und Unfaßbare – verliert sie sich mit Haut und Haaren an den Geliebten, der von einem gewissen Zeitpunkt an nichts anderes tut, als sie mit seiner eigenen Frau zu betrügen. Frauen, denen man Durchsetzungskraft, Rationalität und Selbstbestimmung unterstellt, lassen sich unter Umständen auf Beziehungen ein, von denen sie bei klarem Verstand sagen müßten, sie seien lächerlich und schleunigst wieder aufzugeben. Aber offenbar gibt es eine Lust am Warten; und da ist keiner Geliebten zu helfen.

# V
# Wartesaal Deutschland

Der Zustand des Wartens betrifft nicht nur die Privatsphäre des Menschen. Ganze Nationen können in gesellschaftlicher und politischer Hinsicht von passivem Warten auf etwas Bestimmtes sein. »Wartesaal Deutschland« lautet ein Schlagwort, das sowohl Erich Kuby als auch Klaus Pohl in den Titeln ihrer Bücher verwendet haben. Ihre Werke sind im Abstand von mehreren Jahrzehnten erschienen und haben beide eine entscheidende Phase deutscher Geschichte im Zeichen des Wartens zum Gegenstand.

Erich Kubys feuilletonistische Sammlung *Das ist des Deutschen Vaterland. 70 Millionen in zwei Wartesälen*, die bereits nach ihrer Veröffentlichung im Jahre 1957 zu einem Standardwerk geworden ist, hat versucht, die Stimmungslage der deutschen Bevölkerung von 1948 bis 1957 einzufangen. In rastloser kritischer Teilnahme hat Kuby die beiden Teile Deutschlands beobachtet und in einzigartiger Weise die deutsche Teilung dokumentiert: Der Verfassungskonvent auf Herrenchiemsee im Jahr 1948 wird ebenso beschrieben wie der Tag der Volksarmee in Ost-Berlin im Jahr 1957; über die Gefühlslage junger und alter Menschen in Ost und West wird räsoniert, wir finden Mutmaßungen darüber, wie Wartesaal I und Wartesaal IV – so Kubys nicht weiter explizierte Bezeichnung der beiden Teile Deutschlands – mit der Teilung umgehen werden.

Fast ein halbes Jahrhundert später, nach der Wende, hat Klaus Pohl eine Studie über den Charakter der Deutschen herausgebracht, die schon durch ihren Titel

*Wartesaal Deutschland* auf eine ähnliche Stimmungslage in Deutschland verweist. Beide Bücher beschreiben die Zukunftsängste, die allgemeine Verunsicherung eines ganzen Landes. Sowohl nach dem Zweiten Weltkrieg als auch nach der Wende wurden die Deutschen zu einer zum Warten verurteilten Nation.

Klaus Pohl stellt in seiner Studie zwei Dutzend Menschen aus Deutschland vor, Rentner, Arbeitslose, Wissenschaftler und erfolgreiche Manager, die von ihrem Leben nach der Wiedervereinigung erzählen. Kuby beschreibt Bedingungen, die die Menschen mit ihrer eigenen Geschichte konfrontieren und sie zwingen, die eigene Lebenssituation in Frage zu stellen. Es nimmt nicht wunder, daß sich die Hoffnungen, Wünsche, Phantasien und Ängste der Menschen zwischen 1947 und 1996 dramatisch gewandelt haben. Es gelingt kaum, sie miteinander in Verbindung zu bringen.

Die strukturelle Ähnlichkeite zwischen diesen beiden verschiedenen Phasen der Geschichte ist jedoch verblüffend. Sowohl das Ende des Krieges als auch der Mauerfall sind geschichtliche Ereignisse, die nicht nur einmalig und unwiederholbar waren, sondern in gewissem Sinne den historischen Kontext sprengten: Kriegsende wie Mauerfall haben die Menschen in einen geschichtslosen Ort katapultiert, auf den sie keine Vergangenheit vorbereitet hat und die keine konkrete Zukunft planen läßt. Was blieb den Menschen, auf die die Ereignisse unvorbereitet hereingebrochen sind, also anderes übrig als zu warten?

Für die meisten Menschen war der Krieg ein schicksalsgleicher Teil der »großen« wie der privaten Geschichte: Ziel war das nackte Überleben, das Ende des Krieges. Das Erwachen nach den Schrecken des Krieges war ein vielfältiges. Unabhängig von der Frage, ob und wieviel Schuld man auf sich geladen hatte, waren plötzlich weder die Vergangenheit noch die Zukunft verläßliche Kategorien. Kaum je mag es so wenig Geschichte nach so viel Geschichte gegeben haben wie in Deutschland während der ersten Jahre nach Kriegsende.

In diesen Jahren gab es weder politisch noch gesellschaftlich eine Perspektive. Es war nicht absehbar, ob und warum dem deutschen Staat Souveränität zugesprochen werden würde. Die Kriegsniederlage und die moralische Schuld, die man auf sich geladen hatte, wiesen Deutschland eine Position zu, die Einhalt gebot – ohne die Möglichkeit, aktiv zu werden und selbst zu agieren.

Dieses Gefühl der Passivität und Starre ereilte jeden einzelnen, der im zerstörten Deutschland weiterlebte. Zwar wurde im Alltag alles darangesetzt, das schlichte Überleben zu organisieren. Hinter dieser Aktivität jedoch tat sich eine Ungewißheit auf, die in nicht wenigen Fällen überwältigende Hoffnungslosigkeit entstehen ließ. Bei den Trümmerfrauen, die zum Inbegriff der deutschen Nachkriegsgeschichte werden sollten, ist genau diese Ambivalenz zu spüren: Unablässig waren sie damit beschäftigt, für sich und ihre Kinder ein Auskommen zu finden. In den wenigen Augenblicken der Ruhe jedoch war ihnen bewußt, daß es keinerlei Zukunftsperspektiven gab, auf die sie ihr Hoffen und ihr Tun lenken konnten. Es gibt Berichte von neuen Anfängen, von neuen Beziehungen, die nach kurzer Dauer des Glücks ein jähes Ende fanden. Was als Hoffnungsschimmer aufkeimte, wurde brüsk erstickt. Dies war der Wartesaal Deutschland, von dem kein Schrekken mehr ausging und in dem sich noch nicht das neue Wirtschaftswunder abzeichnete.

In den Sektoren, die die Siegermächte unter sich aufgeteilt hatten, wurden die Menschen dann jedoch bald aus dem Wartesaal entlassen, und es wurde das ausgerufen, was den Neuanfang deutscher Geschichte einläuten sollte: die »Stunde Null«. In politischer wie auch moralischer Hinsicht sicherlich mehr als fragwürdig, bescherte dieser »erfundene« historische Fixpunkt den Menschen in Deutschland die Möglichkeit, sich selbst und ihre Geschichte neu zu erfinden. Sie wurden aus ihrer Lethargie befreit. Die neue Situation führte im Westen zu einem unerwartet schnellen wirtschaftlichen Aufschwung; im Osten zu einem ideologischen Neuanfang, der erlaubte, sich von der jüngsten Geschichte ein für allemal loszusagen.

Ein ebenso schnelles Fortschreiten der Geschichte erhoffte man sich nach dem Mauerfall: eine kurze Phase der Stagnation, des Leerlaufs, um dann eine neue Stunde Null ausrufen zu können. So lauteten die durchaus glaubwürdigen Versprechungen der Politiker an die Menschen in Ost und West. Doch die Bürger der neuen Bundesländer befinden sich noch heute in genau jenem Wartesaal, in den man sie nach der Wende mit großen Parolen verwiesen hat; und auch wer in den alten Bundesländern aufgewachsen oder alt geworden ist, betrachtet mit zunehmender Skepsis die komplexen und in ihrer Tragweite noch immer nicht absehbaren Folgen der Wiedervereinigung.

Zu DDR-Zeiten war das Warten – zugespitzt und sehr verkürzt gesagt – etwas Alltägliches. Man wartete beim Metzger, man wartete auf das lang bestellte Auto, auf den Telefonanschluß, man wartete auf das Verbindungsrohr, damit die Heizung endlich in Betrieb genommen werden konnte. Aber man wartete auch auf abstrakterer Ebene: auf die Erfüllung der sozialistischen Utopie, die Ausreiseerlaubnis oder gar den Untergang des Staates. Während man wartete und sich vielleicht in den Aktionismus des »Organisierens« von für das tägliche Leben nötigen Dingen begab, wurde häufig vergessen, daß man doch eigentlich auf etwas anderes wartete – nämlich darauf, daß das Warten endlich ein Ende hätte. Und so setzte mit dem plötzlichen Fall der Mauer, nach einer ersten Phase des Enthusiasmus, für viele Menschen eine allumfassende Unsicherheit ein, denn von einem Moment zum anderen gab es keine konkreten Utopien mehr. Das einzige, was man zunächst diffus formulierte, war der Wunsch, nun all das zu erreichen, was die »Brüder und Schwestern« im Westen erzielt hatten. »Ja ich war begeistert von der ganzen Aufholjagd«, läßt Klaus Pohl eine alte Frau aus Weimar sagen, die stellvertretend für viele steht, die – vergeblich – auf den großen Umbruch warteten.

In Ivan Klímas *Waiting for the Dark, Waiting for the Light* wird an Pavel, der Hauptfigur des in der ehemaligen Tschechoslowakei spielenden Romans, genau dies zum Thema gemacht. Eingesperrt in einem Land, das ihm viele, wenn auch nicht alle Möglichkeiten bietet, die Pavel sich vom Leben erhofft hat, verlieren sich für ihn irgendwann alle konkreten Utopien. Zu Anfang weiß er noch, worauf er wartet, er sieht konkrete Ziele, für die es sich zu kämpfen lohnt. Irgendwann jedoch ist er des Wartens müde geworden und kann am Ende dann nicht einmal mehr artikulieren, worauf er einst gewartet hat. Die Öffnung der Grenzen ringt ihm schließlich nicht mehr als ein kurzes Lächeln, einen minimalen Anflug von Hoffnung ab. Pavel hat zu lange auf die Erfüllung seiner Wünsche und Sehnsüchte gehofft, als daß er noch die Kraft hätte aufbringen können, sie in die Realität umzusetzen.

In Deutschland ist nach 1989 alles anders gekommen als erwartet. »Die Gesellschaft geht in' Arsch! Die Beziehung geht in' Arsch! Alles geht in' Arsch«, so eine Frau in Klaus Pohls Buch. Was einst als kleine, geheime Utopie für einen jeden funktionierte, hat sich für den einzelnen als großer Betrug herausgestellt: Die Gegenwart ist erneut auf die Zukunft verschoben, eine ungewisse Zukunft, von der niemand weiß, wann sie zur Gegenwart werden wird. »Jetzt warte ich darauf, (...) bis det alles in die Reihe kommt. (...) Aus der Scheiße rauskommen – schön, aber das ist halt hier meine Wartezeit.« Deutschlands Entwicklung seit 1989 läßt sich auf keine bessere Formel bringen.

Viele Menschen in der ehemaligen DDR sehnten historische Umwälzungen herbei. Statt dessen kam es für sie zu einem neuen Stillstand der Geschichte, der bis heute anhält. Die Menschen, die die DDR als Wartesaal empfunden haben, müssen nach der Wiedervereinigung feststellen, daß sie ihn keineswegs verlassen haben – er ist nur größer geworden und in anderen Farben gestrichen.

# VI
# Der Aufschub

Es gibt verschiedene Gründe, sich ein Exil zu suchen. Entweder man ist auf der Flucht vor einer konkreten Gefahr, oder man hat genug von den Umständen, in denen man lebt, und entscheidet sich für einen anderen Ort, der ein glücklicheres Leben verspricht. Das Exil ist ein Stadium des Übergangs, in dem man darauf wartet, daß eine Lebensphase von der anderen abgelöst wird. Wartet man nicht mehr, wird der Ort des Exils zu einem gewöhnlichen Ort, zu einem Ort, der nichts mehr verheißt.

Eines der bekanntesten Bücher über das Warten im Exil ist Jean-Paul Sartres Roman *Der Aufschub*, ein Werk, in dem Sartre den Krieg zu ergründen versucht. Eine stringente Geschichte gibt es in diesem Roman nicht. Er umfaßt die sieben Tage höchster Kriegsgefahr, die dem Münchner Abkommen, das 1938 über Krieg und Frieden in Europa entscheiden sollte, vorausgingen. Einen Ausnahmezustand wie den Krieg zu fassen ist nur möglich, indem man das Geschehen durch 100 Millionen Menschen spiegelt – das ist die Idee, die den *Aufschub* hervorgebracht hat.

Sartre präsentiert Figuren, die sich darüber Klarheit zu verschaffen suchen, wie sie mit der neuen Situation umgehen sollen. Sollen sie bleiben, fliehen, hoffen, verdrängen? In jeder Episode von Sartres Text werden wir mit uns selbst konfrontiert: In Momenten, die schnell lebenswichtige Entscheidungen fordern, überfällt uns ein geradezu krankhaftes Verlangen, Aufschub zu erwirken.

Sartres Roman läßt auf den ersten Blick vermuten, daß die Aufschübe, die die Figuren sich selbst verschreiben, nichts weiter sind als eine selbst auferlegte Zeit des Wartens. Am Freitag, dem 23. September, sitzen sie verstreut über ganz Europa und warten, warten darauf, daß etwas passiert. »Aber warten, auf was?« Sartres Figuren reflektieren, was zu tun ist, ohne es zu tun. Es scheint, als ob die räumliche Situation des Exils auf die psychische der einzelnen Personen übergreift: der geographische Ort des Übergangs korrespondiert mit den Aufschüben, die eine endgültige Entscheidung immer wieder verhindern.

Dabei ist dieses Abwarten nicht mit anderen Formen des Wartens zu vergleichen. Der Aufschub, den die Sartreschen Figuren sich selbst auferlegen, ist von dem Wissen darum geprägt, daß sein Ende absehbar ist. Wenn auch alle Figuren sich unablässig gegenseitig versichern, daß ihnen nichts anderes übrigbleibt, als zu warten, so sind sie doch ohne Unterlaß damit beschäftigt, sich Alternativen zum Warten auszumalen – Alternativen, die sie selbst manipulieren können, oder Alternativen, die ihnen aufgezwungen werden. Der Aufschub, den die Figuren sich selbst verordnen, ist nichts anderes als ein Zwitter des Wartens. Im Akt des Aufschubes verschmelzen Momente des Wartens mit Momenten des Handelns, die sich auf eigentümliche Weise wechselseitig im Wege stehen.

Ein ähnliches Zwischenreich, wie Sartre es in *Der Aufschub* beschreibt, ist auch die Kulisse für Michael Curtiz' legendären Film *Casablanca*. Die Figuren des Films sind auf der Flucht aus Europa in die Vereinigten Staaten und müssen einen Zwischenstopp in Casablanca einlegen. Sie fliehen vor den Deutschen und kommen von Marseille nach Französisch-Marokko –

in der Hoffnung, ein Visum für die Neue Welt zu erhalten. Diejenigen, die es schaffen, zählen sich zu den Glücklichen; für alle anderen heißt es: »*Wait in Casablanca, and wait and wait and wait.*«

Da sich alle mit kleinen Geschäften und Gaunereien über Wasser halten, ist die Stadt ein einziger Sumpf der Korruption. Alkohol, Glücksspiele und schnelle Affären dominieren den Alltag. Alle haben nur das eine Ziel – möglichst schnell Casablanca zu verlassen. Und ob Hasardeure, Verzweifelte oder Schurken, sie alle fürchten am meisten die Aussicht, auf ewig an diesem Ort des Übergangs festzusitzen. Die Menschen in Casablanca warten, nicht weil sie sich dazu entschieden haben, noch weil sie aus Antriebsschwäche nicht anders können, sondern sie warten allein, weil die äußeren Umstände sie dazu zwingen.

Doch wie hält man den Druck einer solch existentiellen Situation, die über Leben oder Tod entscheiden kann, stand? Man versucht, so gut wie möglich zu vergessen, in welcher Situation man sich befindet. Man verdrängt und überspielt – alle suchen sich irgend etwas, mit dem sie sich auf möglichst angenehme Weise die Wartezeit verkürzen können. Der ganze Film gleicht einem großen Karussell des Zeitvertreibens. Allein die zwei Hauptfiguren des Films, Rick und Ilsa, warten auf etwas ganz Bestimmtes: Sie warten aufeinander.

Von Rick, dem Besitzer des Café Rick, *des* Umschlagsortes für Vergnügungen und illegale Geschäfte in Casablanca, weiß man nicht viel. Frauen und Politik haben ihn aus Paris vertrieben. Seither interessiert ihn scheinbar nur noch sein eigener Zynismus – für nichts außer für sich selbst scheint er einzustehen. Doch der erste Eindruck täuscht. Unter der rauhen Schale verbirgt sich der alte Rick aus Paris, der seine politische Integrität nicht eingebüßt hat, auf den seine Freunde sich verlassen können und der noch immer in der Lage ist zu lieben.

In diese Welt der Korruption und Unsicherheit in Casablanca verschlägt es Ilsa. Zusammen mit ihrem Ehemann Viktor Lazlo, einem legendären Widerstandskämpfer, der den Konzentrationslagern in Deutschland entkommen ist, gelangt sie in die Stadt. Und trifft dort auf ihren ehemaligen Geliebten Rick. In Paris, vom Tod ihres Mannes überzeugt, hatte sie eine leidenschaftliche Affäre mit Rick, dem sie nach Marokko gefolgt wäre, wäre nicht just in dem Moment ihr Mann Viktor wieder aufgetaucht. Auf der Flucht vor den Nazis verläßt Rick Paris, ohne zu ahnen, warum Ilsa sich im letzten Augenblick dagegen entscheidet, mit ihm zu gehen. Rick wird sein Leben in Casablanca damit verbringen, auf eine Antwort zu warten.

Die er dann schließlich auch bekommen soll. Ilsa gesteht ihm, was in Paris vorgefallen ist und welche Gründe sie bewogen haben, in Frankreich zu bleiben. Die alte Liebe zwischen beiden flammt erneut auf, um Ilsa in den moralisch-tragischen Konflikt zu stürzen, den sie schon einmal durchlebt hat. Soll sie bei dem Mann bleiben, den sie liebt, oder soll sie Lazlo in die Staaten folgen und ihm im Kampf gegen den Faschismus zur Seite stehen? Das Ende des Films ist bekannt. Einmal mehr trifft ein Mann eine Entscheidung, für sich und alle anderen. Rick bleibt in Casablanca, Ilsa begleitet Lazlo in die USA.

Was auf den ersten Blick wie eine unglücklich ausgehende Liebesgeschichte scheint, stellt sich auf den zweiten Blick ganz anders dar. *Casablanca* ist gekrönt von einem Happy-End, und zwar einem unumstößlichen. Der Film endet nicht mit ungewissen Zukunftsversprechen, sondern es kommt zur Aussöhnung mit der Vergangenheit. Als Rick sich zum zweiten Mal für die Trennung entscheidet, beendet er den Zustand des Wartens auf ein mögliches gemeinsames Leben in der Zukunft. Befreit vom quälenden Warten, kann die Erinnerung an eine glückliche Liebe nun ein Leben lang dauern.

# VII
# Die schier endlose Zeit

Auch Ernst Jüngers *In Stahlgewittern* variiert das Motiv des Aufschubs. In diesem Werk, das zwischen Tagebucheintragung, Landschaftsbeschreibung und Befindlichkeitsberichten oszilliert, stehen Männer im Mittelpunkt des Geschehens. Sie ziehen in den Krieg, und ihr Leben verändert sich von diesem Tag an radikal. Jede Art von Normalität bricht für diese Männer in sich zusammen; Hoffnungen und Erwartungen, die ihren Alltag bestimmt haben, gibt es für sie nicht mehr. Die Zukunft öffnet sich einer ungewissen Perspektive, von der niemand weiß, ob sie Leben oder Tod bedeutet.

Allen, die in den Krieg ziehen, ist bewußt, daß sie vielleicht binnen kurzer Zeit sterben werden. Jedem Aufschub, der sich zwischen die Kriegseinsätze schiebt, kommt vor diesem Hintergrund eine existentielle Bedeutung zu. Es ist ein Stillstehen von Zeit, das diese Soldaten in vollkommen überraschender Weise auf sie selbst zurückwirft. Sie müssen lernen, Zeit totzuschlagen, paradoxerweise ausgerechnet die Zeit, die ihnen zwischen den Kämpfen zur Verfügung steht und die vielleicht die einzige Zeit ist, die ihnen lebend verbleibt. Jeder Tag streckt und zieht sich, läßt die Männer in Langeweile und Abgestumpftheit erstarren, konfrontiert sie mit einem Nichts, aus dem es kein Entkommen gibt. Ihr Leben gerinnt zu einer »schier endlosen Zeit«, die nur durch ritualisierte Handlungen in den Griff zu bekommen ist. Schlafen, Kochen, Rauchen und Trinken sind die Strategien, mit denen man die stundenlange Wartezeit zwischen einem Einsatz und dem nächsten überbrückt: »man wird leicht gesprächig, um die dunkle Nacht und die endlose Zeit zu füllen«, »man lauscht tausend Nichtigkeiten mit gespannter Aufmerksamkeiten und bangt«.

Dieses bangende Nichtstun kann sich von einer Minute auf die andere in ein »Allestun«, wie Jünger es nennt, verwandeln. Sobald sich ein Einsatz ankündigt, brechen die natürlichen Wahrnehmungsstrategien zusammen. Was sich in den Stunden des Nichtstuns als ein Warten darstellt, welches man voreilig als passives Warten mißdeuten könnte, entpuppt sich von einer Sekunde auf die andere als erregtes, jedweder Passivität entledigtes Warten. Die Momente des Angriffs, die folgen und in denen über Leben und Tod entschieden wird, prägen sich den Soldaten für immer ein. War ein Soldat ein einziges Mal in einen Angriff verwickelt, läßt ihn die Erinnerung daran nie mehr los. Erinnerungen werden zu Bedrohungen, verweisen unablässig auf die Gefahren, die jeden Augenblick in die Gegenwart einbrechen können. Sie lassen ihn in einem unentrinnbaren Zustand des lauernden Wartens zurück.

Dieses lauernde Warten hat nichts mehr mit dem Warten einer Emma Bovary oder anderer liebender Frauen zu tun. Das lauernde Warten ist das genaue Gegenteil dessen; es endet nicht in Unglück und Verzweiflung, sondern in einem gefährlichen Zustand der Erregung, der einem Schweben gleicht: ein Moment zwischen Nichtstun und Allestun, zwischen Ohnmacht und Allmacht, ein Moment des Zähneklapperns, der etwas Gewaltsames hat und zugleich, wie Jünger ausführt, einem schwachen Strom gleicht.

Die harten und entschlossenen Mienen der Soldaten, deren Augen die nackte Mordlust widerspiegeln, lassen einen erstarren. Diese Männer sind »ihrer Stunde gewachsen«: sie zertrümmern, zerschlagen, zerschmettern, was sich ihnen in den Weg stellt. Der »dicke Geruch der Leichen«, der wie ein Zeichen aus dem Jenseits über das Schlachtfeld weht, hält diese Männer wach, versetzt sie in eine Angespanntheit, die eine hellseherische Fähigkeit hervorruft, »wie sie nur die höchste Nähe des Todes zu erzeugen vermag«. Sie bewegen sich nicht mehr in realen Räumen, und die natürlichen Zeitstrukturen haben ihre Relevanz verloren. Was einem in der Vergangenheit etwas bedeutet hat, zählt nicht mehr. Was die Zukunft bringen mag, liegt außerhalb des Vorstellbaren. Vergangenheit und Zukunft sind der Gegenwart einverleibt.

Je länger die Männer dem Kriegsgeschehen ausgesetzt sind, desto sensibler reagieren sie auf ihre Umgebung, fahren zusammen bei jedem unerwarteten Geräusch: »Immer stockte der Herzschlag für einen Augenblick unter dem Gefühl einer großen und unbekannten Gefahr.« Ein Buch, das auf den Boden fällt, oder ein nächtlicher Schrei in der Ferne läßt sie erzittern. Doch während sie warten, dürfen ihre Gedanken nicht abschweifen. Sie sind zu einem Warten verdammt, das ihnen die von Blanchot geforderte Wachsamkeit auferlegt. Dazu gezwungen, jederzeit zu allem bereit zu sein, bewegen sie sich in einem Zustand, der zwischen ekstatisch, vorbewußt und weggetreten schwankt. Ein solches Warten gleicht in nichts mehr dem Warten, wie wir es in ganz alltäglichen Situationen immer wieder erleben.

Die Wirklichkeit entfernt sich nicht, sondern rückt ganz nahe, erscheint während des Wartens klarer denn jemals zuvor.

Der Philosoph Martin Heidegger ist in seinen Schriften immer wieder auf das Thema des Wartens zurückgekommen und hat dabei den Unterschied zwischen dem dumpfen Warten und dem erregten Warten präzise unterschieden. Der frühe Heidegger differenziert zwischen der eigentlichen und uneigentlichen Zeit. Beiden gemeinsam ist der Tod als Endpunkt, aber die Haltung zu diesem Endpunkt, das Warten darauf, ist jeweils anders.

Die eigentliche Zeit impliziert eine vorlaufende Entschlossenheit, die ein aktives Moment des Wartens enthält. Sie bezieht den Tod unablässig in das eigene Leben mit ein; sie versucht aktiv, den Tod als zukünftige Möglichkeit in die Gegenwart zu integrieren. Die vorlaufende Entschlossenheit oder das vorlaufende Warten korrespondiert mit dem, was Ernst Jünger als »lauerndes Warten« bezeichnet. Und es ist kein Zufall, daß Martin Heidegger sich in diesem Zusammenhang eines militärischen Begriffs aus dem Ersten Weltkrieg bedient: Mit »Vorlaufen« ist das Herauslaufen aus den Gräben während des Angriffes gemeint. Beim Vorlaufen ist den Soldaten immer bewußt, daß jede nächste Sekunde über Leben und Tod entscheidet. Genau dieses Bewußtsein ist es, das der frühe Heidegger in jedem Augenblick des Wartens verankert sehen will: vorlaufend warten, um so in der Vorwegnahme des Endes der Zukunft gewärtig zu werden.

Anders dagegen verhält es sich mit dem Warten in der uneigentlichen Zeit, das nicht mehr ist als ein passives Gewärtigen des Gegenwärtigen und von Heidegger vehement kritisiert wird. Diese Art der Passivität dem Tod gegenüber hält Heidegger, zumindest in seinen jungen Jahren, für grundlegend falsch. Da der Tod jederzeit eintreffen kann und niemand in der Lage ist, ihn aufzuschieben, ist es sinnlos, ihn zu verdrängen. Er muß in jedem Augenblick des Lebens mitgedacht werden; Momente der Passivität und der Resignation müssen überwunden werden und dem vorlaufenden Warten weichen.

Das ist jedoch einfacher gesagt als getan. Sich der Gegenwart in jedem Augenblick des Daseins derart aufmerksam zu nähern scheint eine theoretische Forderung zu sein, die kaum zu bewältigen ist. Sie wird in der Tat eher in der Philosophie und der Literatur thematisiert, als im Alltag gelebt. Gleichwohl schärft diese Anforderung an das Warten das Bewußtsein für die Chancen, die es in sich birgt. In Friedrich Nietzsches Ausführungen in *Jenseits von Gut und Böse*, die das »Problem des Wartenden« umkreisen, wird genau dies zum Thema gemacht: »Es sind Glücksfälle dazu nöthig und vielerlei Unberechenbares, dass ein höherer Mensch, in dem die Lösung eines Problems schläft, noch zur rechten Zeit zum Handeln kommt – ›zum ausbruch‹, wie man sagen könnte. Es geschieht durchschnittlich nicht, und in allen Winkeln der Erde sitzen Wartende, die es kaum wissen, in wiefern sie warten, noch weniger aber, dass sie umsonst warten. Mitunter auch kommt der Weckruf zu spät, jener Zufall, der die Erlaubnis zum Handeln giebt, – dann, wenn bereits die beste Jugend und Kraft zum Handeln durch Stillsitzen verbraucht ist; und wie Mancher fand, eben als er ›aufsprang‹, mit Schrecken seine Glieder eingeschlafen und sein Geist schon zu schwer.«

Dieses Motiv, wenn auch selten so präzise auf den Punkt gebracht, verfolgt uns auch an vielen Stellen in der Literatur. Franz Kafka hat sich dem Thema so eindringlich wie kaum ein anderer genähert. Auf unvergleichliche Weise ist dem 1914/15 entstandenen Roman *Der Prozeß* das Motiv des Wartens unterlegt. »Ihr Warten kam mir so nutzlos vor«, läßt er den Bankprokuristen Josef K. sagen. Dieser Josef K., der sich in seinem Leben nichts hat zuschulden kommen lassen – jedenfalls ist er sich keines Vergehens bewußt –, wird am Anfang des Romans plötzlich verhaftet und am Ende ebenso plötzlich hingerichtet. Die Zeit dazwischen verbringt er mit Warten: »Gehen Sie in Ihr Zimmer und warten Sie. Das Verfahren ist nun einmal eingeleitet, und Sie werden alles zur richtigen Zeit erfahren.« Vergeblich versucht Josef K. seiner Verwirrung über die Verhaftung Herr zu werden. Obwohl er das Ganze am liebsten als Spaß ansehen möchte, verfällt er seiner Umgebung gegenüber in einen Rechtfertigungszwang, der ihn immer weiter in eine »Schuld« verstrickt, die er eigentlich gar nicht trägt. Im Warten auf sein Urteil gerät das, was einst einen Sinn ergab, zu immer größerer Sinnlosigkeit. Schließlich gelangt Josef K. anläßlich eines Besuchs im Dom vor einen Gerichtsgeistlichen, der versucht, ihm seine Situation zu erklären. Er erzählt die Parabel des Mannes vom Land, der Einlaß ins Gesetz begehrt, aber abgewiesen wird. Dieser Mann verbringt sein Leben damit, auf einem Schemel vor dem Eingang des Gesetzes zu warten, bis ihm der Türhüter kurz vor seinem Tod zu verstehen gibt, daß der Eingang nur für ihn bestimmt gewesen sei. Josef K. ist zu müde, um zu verstehen, was dies alles bedeuten mag. So wird er schließlich von zwei verständnislosen Herren abgeführt und mit einem Messer erstochen. Wie für Friedrich Nietzsches Wartenden kommt auch für Josef K. der Weckruf zu spät; wie viele andere hat auch er sein Leben damit verschwendet, es zu verwarten.

Da der Tod jederzeit eintreffen kann und niemand in der Lage ist, ihn aufzuschieben, ist es sinnlos, ihn zu verdrängen – und damit sind wir wieder bei Heidegger.

Die Art des Wartens in der uneigentlichen Zeit ist eine Haltung, die das, worauf gewartet wird, aus der Gegenwart verdrängt und in die Zukunft verschiebt. Und damit fällt es grundsätzlich weit hinter das zurück, was das Warten – vorlaufend, wachsam oder erregt – sonst leisten kann. Beim passiven Warten wird die Unentrinnbarkeit des Todes nicht vergegenwärtigt. Sobald der Tod in den Überlegungen zum Warten eine Rolle zu spielen beginnt, verändern sich die Perspektiven grundsätzlich: was zuvor ausschließlich als passive Haltung gedeutet wurde, die man mal mehr, mal weniger gelassen annehmen kann, wird zu einer aktiven Handlung umgedeutet, die wichtige Konsequenzen nach sich zieht: vorlaufend, wachsam oder erregt zu warten bedeutet insofern Freiheit, als die Zukunft – der Tod – in die Gegenwart integriert und somit zu einem gewissen Grad auch manipulierbar wird. Es ist eine Aufgabe der Opferrolle des Menschen gegenüber dem Schicksal, eine Befreiung von der unentrinnbaren Macht des Todes.

# VIII
# Die Leidenschaft des Wartens

Wenn wir warten, um etwas in uns selbst auszulösen, ist dies eine grundlegend andere Haltung, als wenn wir darauf warten, daß irgend etwas von außen in unser Leben tritt. Sich dem Warten hinzugeben, schließt eine offene, in gewisser Hinsicht aktive Haltung ein, die paradoxerweise von einer unendlichen Ruhe gekennzeichnet ist. Überlassen wir uns dem Warten, ohne etwas Bestimmtes zu erwarten, so können sich die überraschendsten Dinge einstellen.

In Maurice Blanchots Erzählungsfragment *Warten Vergessen*, das aufgrund seiner ungewöhnlichen Erzählstruktur in seinem Gesamtwerk einen besonderen Stellenwert hat, wird diese Art des Wartens auf sehr eindringliche Art geschildert.

Ein Hotelzimmer, spärlich eingerichtet mit einem Bett, einem Sessel und einem Tisch; ein Mann und eine Frau, die dort eine ungewisse Zeit miteinander verbringen, indem sie darauf warten, daß etwas passiert, oder sich zu erinnern suchen, ob schon etwas zwischen ihnen vorgefallen ist – das ist alles, was sich über 120 Seiten ereignet. Bei den meisten Geschichten verfolgt der Leser die fortschreitenden Entwicklungen des Geschehens und ist gespannt auf das Ende, das oft noch eine Überraschung birgt. Blanchot wirft solche Erzähltraditionen bewußt über Bord. Eine Chronologie der Ereignisse, eine Geschichte, wie sie der Leser erwartet, wird nicht geliefert. Als Leser wartet man genauso wie die zwei Figuren und entwickelt eine Sensibilität, ein geschärftes Sensorium für das Unerwartete und Überraschende, den Blick geschärft für das, was jede Sekunde in den beschriebenen Kosmos einzubrechen vermag, und man bereitet sich innerlich darauf vor, auf das Unvorhergesehene zu reagieren. In diesem wachsamen Warten sind also Passivität und Aktivität vereint.

An diesen Zustand sollten wir denken, wenn wir vergeblich nach einer Idee oder einem Gedanken suchen. Wenn uns beim besten Willen nichts einzufallen vermag, so sollten wir versuchen, einen fruchtbaren Boden für eine Eingebung zu schaffen – um uns einer Eingebung zu öffnen, müssen wir eine Haltung einnehmen, die dem Blanchotschen wachsamen Warten entspricht.

In ihrem 1991 produzierten Film *Barton Fink* setzen die Gebrüder Coen diesen Gedanken in Szene. – Nach dem unerwarteten Erfolg seines neuesten Theaterstückes zieht es den eher schüchternen Barton Fink in der Hoffnung auf eine Karriere in der Filmbranche nach Los Angeles. Eigentlich wäre ihm nichts lieber, als im stillen Kämmerchen Theaterstücke über einfache Leute zu verfassen, weitab von der aggressiven und undurchsichtigen Filmbranche. Er wird jedoch unter Vertrag genommen, setzt sich an seinen Schreibtisch in einem heruntergekommenen Hotel und kassiert 1000 Dollar pro Woche – aber es fällt ihm nichts mehr ein. Rein gar nichts.

Sein Blick schweift vom leeren Blatt Papier in der Schreibmaschine zum einzigen Bild im Raum, das wie eine Verheißung vor ihm aufgehängt ist. Hält er es gar nicht mehr aus, wirft er sich auf das Bett, und wir ahnen, was in seinem Kopf vorgeht: die Gedanken kreisen und kreisen und finden nirgendwo Halt. Nicht die ersehnte Idee, sondern die unwichtigsten Dinge fangen an, ihn zu beschäftigen: das Muster der Tapete, Geräusche aus den Nebenzimmern.

Auf ein nächtliches Liebesabenteuer folgt eines Morgens das Grauen: Fink findet in seinem Bett die Leiche der jungen Frau. Fink, voller Angst, das Verbrechen selber begangen zu haben, vertraut sich seinem Zimmernachbarn an, der sich auch bereit erklärt, bei der Beseitigung der Leiche zu helfen.

Nichts scheint in dieser Welt unmöglich: Schließlich ist es der Zimmernachbar, der einzige Mensch, zu dem Fink so etwas wie eine Freundschaft aufgebaut hat, der von der Polizei als Mörder überführt wird.

Die Geschichte bleibt in der Schwebe zwischen Wirklichkeit und Traum, zwischen Realität und Fiktion. Die Interpretation liegt nahe, daß die Krimihandlung Finks Drehbuch ist – die zündende Idee, die Eingebung läßt einen Film in dem Moment sich vor den Augen Finks abspulen, als er kaum mehr damit rechnet. Das konzentrierte Warten, das sich über Tage und Wochen hingezogen hat, wird ganz im Blanchotschen Sinne belohnt: »Warten hieß auf die Gelegenheit warten. Und die Gelegenheit kam nur in dem Augenblick, da es nicht mehr um Warten geht.«

Man hätte Barton etwas mehr Geduld beim Warten gewünscht. Die nötige Gelassenheit hätte ihm wahrscheinlich geholfen, die verzehrenden Stunden des Wartens besser zu überstehen. Sie mag allerdings einfacher in der Theorie zu formulieren sein, als in der Praxis gelebt. In der Philosophie begegnet man der Forderung nach Gelassenheit allerdings allenthalben. Walter Benjamin und der späte Heidegger fordern nahezu, daß die Menschen sich gelassen dem Warten überlassen: im gelassenen Warten ist es möglich, eine revolutionär andere Einstellung zur Welt zu erreichen. Bei Benjamin verdichten sich persönliche Erfahrungen und metaphysische Überlegungen in der Allegorie eines Mannes, der sich in eine Frau verliebt hat, die sich ihm nicht zuwenden will. Eines Tages, sagt Benjamin – der sich selbst in seinem autobiographischen Text *Agesilaus Santander* für seine »Leidenschaft des Wartens« rühmt –, entschließt der Mann sich, sich auf ihrem Lebensweg auf die Lauer zu legen, bis sie ihm krank, gealtert und in zerschlissenen Kleidern in die Arme fällt. Nichts konnte die Geduld dieses Mannes erschüttern.

Walter Benjamin stellt diesen Gedanken in einen größeren philosophischen Zusammenhang. Im jüdischen Glauben wartet man auf die Ankunft des Messias, und dieses Warten ist, so erinnert Benjamin, alles andere als ein ungeduldiges Warten. Höchste Konzentration ist erforderlich, um das Messianische, das jeden Augenblick eintreten könnte, nicht zu verfehlen. Es erfordert absolute Abstinenz vom Handeln. Dieses Warten erschöpft sich dennoch nicht im passiven Verharren, sondern erfordert absolute Wachsamkeit für das, was einzutreten vermag.

Dieser Gedanke entspricht Benjamins Konzeption von Geschichte, deren Kontinuität jederzeit unterbrochen werden kann, um das Eigentliche von Geschichte hervortreten zu lassen: Nur in der Diskontinuität von Geschichte zeigt sich, was Geschichte ist. Nur sie läßt einzelne Ereignisse, unabhängig von ihrer zeitlichen und räumlichen Verortetheit, aus der Geschichte hervortreten. Sie läßt die Zeit stillstehen und sprengt damit jegliche Kontinuität. Genauso das Warten. Warten heißt bei Benjamin, den Weltlauf zu unterbrechen. Bei Blanchot korrespondiert dies mit der »energischen

Weigerung, die Geschichte beginnen zu lassen«. Jedes Warten, jedes richtige Warten, müßte man sagen, ist eine äußerst destruktive Form des Handelns, die die neutrale Grundlage für neues Handeln bildet. Warten löst das Vorhandene auf, um dem Neuen Platz einzuräumen.

# IX
# Wir langweilen uns zu Tode

Warten beginnt, wenn nichts mehr da ist, worauf man wartet, nicht einmal mehr auf das Ende des Wartens selbst. Warten wartet auf nichts – und zugleich auf alles. So ließen sich die Positionen, die wir uns soeben vergegenwärtigt haben, telegrammartig zusammenfassen. Und doch gibt es ein Warten, das sich ausschließlich auf das Nichts richtet.

Tom Kromers Roman *Waiting for Nothing*, in den USA zur Zeit tiefer ökonomischer Depression entstanden, erzählt die Geschichte des Landstreichers Tom, der mit dem Leben abgeschlossen hat und sich daraus zu verabschieden gedenkt. Er ist fertig mit seiner bürgerlichen Vergangenheit, den Lebenslügen und den Hoffnungen, die ihn bislang am Leben erhalten haben. Er erwartet nichts mehr von diesem Leben, das ihm jeglichen Stolz und jegliche Zuversicht genommen hat: »What do I care about pride? Who cares about me. Nobody. The bastards don't care if I live or die.« Für Tom gibt es niemanden mehr, der auf ihn wartet, und es gibt gar nichts mehr, auf das es sich zu warten lohnt.

So scheint es auf den ersten Blick, auf den allerersten Seiten, und so deutet es ja auch der Titel an. Im Verlauf der Geschichte wird dann jedoch deutlich, daß Tom keineswegs auf nichts wartet, und genau das ist sein Drama: daß er tagtäglich aufs neue auf die banalsten Dinge des Lebens warten muß. Nicht das Nichts dominiert seinen Alltag, sondern existentielle Notwendigkeiten. In *Waiting for Nothing* geht es über weite Strecken um nichts anderes als um Toms Suche nach irgend etwas Eßbarem. Seine Gedanken sind einzig fixiert auf die Frage, woher er Geld und etwas zu essen bekommen könnte, doch jede Hoffnung wird sofort im Keim erstickt.

Will sich dieser Mann nicht ganz aufgeben, so bleibt ihm aber auch gar nichts anderes übrig, als sich darauf zu konzentrieren, sich die Grundbedürfnisse seines Lebens zu sichern. Sein Warten hat eines der klarsten Ziele, die man sich überhaupt nur vorstellen kann: *»Here I am waiting now for a steak dinner in a classy joint ... Didn't they ever see a hungry man before?«* Und da tatsächlich sein ganzes Leben aus nichts anderem denn aus Warten besteht, ist es nicht verwunderlich, daß in *Waiting for Nothing* das Verb »warten« so häufig wie in keinem anderen Roman der Welt auftauchen dürfte.

Toms täglich aufs neue ausgefochtener Überlebenskampf ist so existentiell, daß ihm nicht bewußt werden kann, daß er wartet. Was ihn ausschließlich und fortwährend beschäftigt, ist, daß er dringend etwas zu essen braucht. Und damit wartet er wiederum grundsätzlich anders als all die anderen Figuren, die uns bisher begegnet sind – Albert, Emma, Irina, Mascha und Olga und wie sie alle heißen warten, ohne auf Erlösung hoffen zu können. Tom wartet, ohne in der Lage zu sein, sich über seinen Zustand Rechenschaft abzulegen; aber er wartet auf etwas, auf etwas ganz Bestimmtes, das sich jederzeit und an jedem Ort einlösen könnte.

In Tom Kromers Roman wird das Nichts thematisiert, und zwar das Nichts, das aus der fehlenden Erwartung entsteht. Während alle anderen Personen nicht nur selbst auf jemanden oder etwas warten, sondern es immer auch jemanden gibt, der auf sie wartet – sei es Charles Bovary, der auf seine Frau wartet, seien es die drei Schwestern, die aufeinander warten, oder die Familien der Soldaten, die in den Krieg gezogen sind –, so steht der obdachlose Tom einem Nichts insofern gegenüber, als es niemanden gibt, der ihn erwartet oder auf ihn wartet. Und doch bleibt Tom auch angesichts des Nichts rast- und ruhelos wie keine andere der bisher genannten Figuren. Am Beispiel von Tom zeigt sich, daß jemanden zu erwarten oder von jemandem erwartet zu werden durchaus auch als Privileg gesehen werden kann, als ein erstrebenswertes, sinnstiftendes Element im Leben. Vom Nichts umgeben, verfällt Tom in hektischen Aktionismus, dessen einziges Ziel immer wieder nur die Befriedigung der einfachsten existentiellen Bedürfnisse ist. Da sich ihm in diesem sich täglich neu eröffnenden Nichts kein höheres Ziel zeigt, bleibt ihm auch der Zustand des Wartens verwehrt. Vor diesem Hintergrund könnte der Titel von Tom Kromers Roman durchaus als Paradox verstanden werden: Das Warten und das Nichts schließen sich in Toms Fall gegenseitig aus.

Aber die vermutlich berühmtesten Wartenden der Weltliteratur, auch sie vom Nichts umgeben, sind selbstverständlich Wladimir und Estragon in Samuel Becketts Stück *Warten auf Godot*. Und anders als der rastlose Tom sind sie die Ruhe selbst:

*Estragon: Sobald man Bescheid weiß.*
*Wladimir: Kann man sich gedulden.*
*Estragon: Weiß man, woran man sich zu halten hat.*
*Wladimir: Kein Grund mehr zur Unruhe.*
*Estragon: Man braucht nur zu warten.*

Ist das »Warten auf das Nichts« das Thema Becketts? Was meint Estragon sonst mit seiner Aussage: »Man braucht nur zu warten«, nachdem er und Wladimir sich darauf geeinigt haben, daß im Moment des Bescheidwissens nichts anderes *mehr* ansteht, als zu warten? In dem Augenblick, in dem man das ganze Leben überschauen kann, keine Verantwortungen mehr aus der Vergangenheit herüberreichen und keine Hoffnungen auf die Zukunft anstehen, weiß man, woran man sich zu halten hat. Die Unruhe, die in Momenten des Wartens entsteht, wenn etwas erledigt werden muß, vielleicht sogar noch möglichst schnell, entfällt, wenn nach dem Warten nichts mehr kommt. Wenn man weiß, woran man sich zu halten hat, gibt es keinen Grund mehr zur Unruhe, die einen umtriebig und ruhelos macht. Man weiß Bescheid, braucht nur noch zu warten – das Warten erfüllt in sich selbst seine eigene Bestimmung. Dahinter und davor steht nichts anderes als das große Nichts.

Aber es wäre oberflächlich, Becketts Theaterwelten als Welten des bedeutungslosen Nichts zu interpretieren und seine Sprache als die Demonstration des Unterganges von Sprache zu deuten – eines Nichts, das nichts bedeutet, Bedeutungen, die auf das Nichts verweisen.

Folgt man einem der bedeutendsten Literaturwissenschafler unserer Zeit, Stanley Cavell, so kann man in Becketts Sprache und in seinen Figuren genau das Gegenteil des Spiels mit dem bedeutungslosen Nichts erkennen. Während Tschechows Figuren sprechen, um sich nicht selbst zu hören, heben Becketts Figuren immer hervor, was mit dem Sprechen oder dem Angesprochenen zu tun hat. Bei Tschechow allerdings charakterisieren die Sätze trotzdem die Figuren, so daß wir uns leicht mit ihnen identifizieren können. In Becketts Figuren hingegen kann sich keiner wiedererkennen. Hier steht jeder Satz für sich selbst, die Gespräche der Figuren sagen nichts über ihre Geschichte oder ihre Gefühle. Ebenso wie ihre Umgebung, die sich keiner Zeit und keinem Ort zuordnen läßt, ist ihre gesamte Identität unsicher.

Während für Tschechows Schwestern »Moskau« ein Begriff voll metaphysischer Verheißung ist, die gemeinsame Metapher des Ersehnten, steht das Warten bei Beckett ganz für sich allein und gibt keine andere Auskunft als die, daß Waldimir und Estragon rein nichts denken, hoffen oder tun können – außer eben zu warten.

Estragon und Wladimir haben ein Leben lang dummes Zeug geredet, behauptet Estragon, und keiner glaubt ihm, denn solch eine Aussage trifft jeder schon einmal, und keiner geht von der Richtigkeit der Behauptung aus, daß ein Leben vergehen kann und man rein gar nichts anderes macht, als dummes Zeug zu reden. Genau das aber haben Estragon und Wladimir getan: nichts, aber auch gar nichts anderes als dummes Zeug geredet. Und gewartet – und nichts anderes gemacht als gewartet: »Wladimir: Wir warten. Wir langweilen uns … wir langweilen uns zu Tode, das ist unbestreitbar. Gut, es gibt eine Ablenkung, und was tun wir? Wir lassen sie ungenützt.«

*WLADIMIR: So ist die Zeit vergangen.*
*ESTRAGON: Sie wäre sowieso vergangen.*
*WLADIMIR: Ja. Aber langsamer!*
*ESTRAGON: Was sollen wir jetzt machen?*
*WLADIMIR: Ich weiß nicht.*
*ESTRAGON: Komm, wir gehen.*
*WLADIMIR: Wir können nicht.*
*ESTRAGON: Warum nicht.*

*WLADIMIR: Wir warten auf Godot.*
*ESTRAGON: Ach ja.*

*Warten auf Godot* führt das unausweichliche Faktum vor Augen, daß die Menschen gespalten sind zwischen Vergangenheit und Zukunft, zwischen Hoffnung und Verzweiflung, Geburt und Tod, gut und schlecht, Himmel und Erde. Und immer warten sie. Nur vergessen sie immer wieder, worauf sie warten. Das Warten emanzipiert sich bei Beckett im Vergessen des Objekts, doch es verschwindet nicht. Weil Wladimir und Estragon nicht nicht warten können, kann das, worauf sie warten, nicht kommen. Sonst würde das Warten aufhören. Für Wladimir und Estragon ist das Warten der einzig mögliche Zustand. Damit werden sie zu Gefangenen ihrer selbst, die endlos warten, ohne zu wissen, worauf. Dieses Nicht-Wissen ist die Grundlage ihrer gesamten Existenz, die zwar sinnlos ist, aber gesichert. Das Wissen und das daraus resultierende Ende des Wartens wären auch das Ende von Wladimir und Estragon.

*Godot* ist ein Stück über das Warten, in *Godot* wird auf etwas gewartet, nämlich auf das Nichts. Im *Endspiel* wird nicht einmal mehr gewartet.

Hamm und Clov und Nagg und Nell im *Endspiel* sind eine ganz gewöhnliche Familie. Doch die Umgebung, in der sie sich befinden, ist nicht ganz gewöhnlich: Nagg und Nell sitzen bis zum Hals im Müll; auch ihr blinder Sohn Hamm mit seinem Diener-Geliebten-Sohn Clov führt nicht gerade ein berauschendes Dasein. Aber alles in allem sind sie eine ganz gewöhnliche unglückliche Familie; nicht mehr und nicht minder unglücklich als viele andere Familien auch.

Nagg und Nell tun das, was auch andere Eltern im Alter tun: sie schwadronieren über bessere Zeiten, rufen sich glücklichere Tage in Erinnerung und verbringen so die Tage in ihren Mülltonnen. Nicht unbedingt, um sich wechselseitig ihre Liebe zu beweisen, von der wir nicht genau wissen, ob es die je gegeben hat oder wie lange sie Bestand hatte; vielmehr, um sich wie ein altes gestrandetes Schiff über Wasser zu halten, mehr schlecht als recht.

Hamm und Clov benehmen sich auch nicht anders als andere symbiotisch verstrickte Paare, die sich im Grunde nichts sehnlicher wünschen, als die Beziehung endlich zu beenden. Einen riesigen, alles entscheidenden Unterschied gibt es jedoch zwischen Becketts Paar und jenen anderen Paaren. Hamm und Clov nehmen sich nichts mehr in ihrem Leben vor; sie tun nichts anderes, als zu warten. Aus diesem Grund werden sie auch niemals ihre Beziehung aufgeben. Sie haben ein Leben lang gewartet und wissen genau, daß sie niemals etwas anderes in ihrem Leben machen werden – das Leben als Warten aufs kommende Leben ist das einzige Leben, das es für sie gibt.

In einer solchen Situation kann man im Grunde nur noch alles daransetzen, das Spiel zu gewinnen, sich dem anderen als überlegen zu präsentieren. Wer das letzte Wort behält, ist der Gewinner. Egal, welche Antwort man gibt – es muß nur die beste sein: »CLOV: Wozu diene ich denn? HAMM: Mir die Replik zu geben.« Für Hamm und Clov ist alles Erwartete fortgenommen; dies verleiht ihnen eine unendliche Wachsamkeit, die jedes Wort und jede Tat in ihre Eigentlichkeit setzt. »Warten schenkt Wachsamkeit, indem es alles Erwartete fortnimmt«, sagt Blanchot; was zählt, ist, was präsent ist.

Becketts Figuren haben erkannt, daß es keine endgültige Handlung gibt. Es gibt keine Handlung, so wie es keine Wahrheit gibt. Das *Endspiel* ist das Ende. Hamm und Clov wären jedoch verrückt, das zu glauben. Sie können, da sie Menschen sind, nicht allen Glauben aufgeben. Deswegen warten sie. Sie warten nicht *auf* etwas, sie versuchen, auf nichts zu warten; und sie wissen nicht, wie sie es beenden sollen: »Hamm: Es wird das Ende sein, und ich werde mich fragen, durch was es wohl herbeigeführt wurde, und ich werde mich fragen, durch was es (...) so spät kommt«; und Clov: »Wie soll das denn enden?« Und selbst wenn alles vorbei ist, ist es nicht zu Ende: Hamm: »Es ist zu Ende, Clov, wir sind am Ende.«

Hamm und Clov, Negg und Nell, alle haben alles satt. Hamm weiß, daß das Warten das letzte Spiel ist, und das ist verloren. Das Warten an sich ist Verdammnis: »Draußen ist der Tod.« Normalerweise wartet man entweder auf Verurteilung oder Erlösung. Diese Figuren können weder auf das eine noch auf das andere warten. Das *Endspiel*, das das Warten beenden soll, geht nie zu Ende. »Ende, es ist zu Ende, es geht zu Ende, es geht vielleicht zu Ende«, so Clov zu Beginn des Stücks, doch wo stehen Hamm und Clov am Ende? Noch immer an derselben Stelle, an der alles losgegangen ist. Denn im *Endspiel* geht nichts mehr vor und nichts mehr zurück.

# X
# Wer wartet wie?
## Eine kleine Typologie des Wartens

Wir alle warten – und doch sind wir uns darin nicht gleich, denn wie wir gesehen haben, warten wir auf die unterschiedlichsten Arten, die uns Schmerz bereiten können, aber auch Hoffnung und Erfüllung verheißen. Um die verschiedenen Formen des Wartens noch einmal zu sammeln, stellen wir uns vor, daß alle bisher genannten Figuren in einem großen Wartesaal vereint sind:

Da steht Albert am Fenster, gequält von der wohl häufigsten Form des Wartens, dem banalen Warten: In der primitivsten Form des Wartens wird auf etwas Konkretes gewartet, von dem realistischerweise anzunehmen ist, daß es sich nach einer gewissen Zeit einlöst. Zumeist wartet man dabei ungeduldig, weil man keine Lust hat zu warten; zuweilen wartet man geduldig, wenn man die nötige Ruhe aufbringen kann. Unruhig schreitet Albert im großen Wartesaal auf und ab. Er ist zugleich auch Opfer des erzwungenen Wartens, das Menschen aufoktroyiert wird, ohne daß sie sich dagegen wehren können. In dieser Situation gleicht er einem Verurteilten, der eine Haftstrafe abzubüßen hat. Doch dann sehen wir, wie Albert in seinem unermüdlichen Auf- und Abgehen innehält, als er bemerkt, wie sein Warten von der Last zur Lust wird.

Für Albert ist das Warten zunächst Verzögerung, die ihn in einen Zustand der Irritation versetzt, der nur in den seltensten Fällen wirklich befriedigend ist, da man ja eigentlich das ersehnte Ziel erreichen möchte. Manchmal intensiviert sich so die Vorfreude. Oft geht es aber auch um ein masochistisch inszeniertes Schmerz-Lust-Gefühl. Albert erfährt verschiedene Formen des Wartens, die zunächst gleichzeitig auftreten, sich dann am Ende aber zum stärksten Bindeglied in seiner Beziehung mit seiner Freundin Mary vereinen.

Mit dieser Erkenntnis ist Albert einer anderen Wartenden im Saal voraus; Penelope personifiziert das leidende Warten, das Albert auch kennt: Gegenüber dem banalen Warten beinhaltet das leidende Warten eine zusätzliche Ebene. Man wartet ebenso wie beim banalen Warten auf etwas Konkretes, ahnt jedoch dabei, daß das, was man erwartet, sich nur unter größten Schwierigkeiten erreichen läßt.

Mrs. Bagot, die natürlich auch in unserem großen Wartesaal sitzt, hat Albert und Penelope wahrscheinlich gar nicht bemerkt, genausowenig wie all die anderen um sie herum. Während sie in freudiger Erwartung wartet, löst sich unmerklich die ihr bekannte Zeitdimension auf. Warten wir auf etwas, das uns viel bedeutet, dann können Minuten zu Stunden werden. Umgekehrt kann man so tief in Gedanken versinken, daß Stunden im nachhinein wie Minuten erscheinen. Beim Warten vollzieht sich eine Auflösung konventioneller Zeitdimensionen: Zeit kann bis in die Unendlichkeit hinein gedehnt werden, oder sie kann zusammenschrumpfen wie durch ein Brennglas gefiltert. In beiden Fällen wird Geschichte unterbrochen, die geläufige Zeitdimension außer Kraft gesetzt. Geschichte löst sich auf, wird diskontinuierlich, nach Benjamin der große Gewinn, den wir aus dem Warten ziehen können.

Mrs. Bagot weiß nicht, ob sie seit Minuten oder Stunden wartet, und letztlich ist es ihr egal. Für sie wird das Warten zur Entspannung, zur willkommenen

Möglichkeit der Flucht vor allen Erfordernissen des Alltags. Sie genießt ihre Situation, was der Dame neben ihr einfach unmöglich ist: Emma Bovary hält es nicht auf ihrem Stuhl, sie will nicht nur diesen Wartesaal verlassen, sondern am liebsten ihr gesamtes kleines Leben, das sie bisher geführt hat. Sie bemerkt nicht, wie groß die Kluft ist zwischen dem, was sie vage erwartet, und dem, was sie tatsächlich zu erwarten hat. Für sie beinhaltet das Warten eine zerstörerische Selbsttäuschung, der sie sich selbst nicht bewußt ist.

Für Emma Bovary sind Warten und Erwartung eng verknüpft: Jenseits des Wartens auf etwas Konkretes stellt sich ein zusätzliches Moment, das der Erwartung ein, das der Realität eine zusätzliche, auf die Zukunft gerichtete Ebene beistellt. Sie kann das der Realität Innewohnende überformen; kann andererseits jedoch auch auf ein metaphysisch der Realität Äußeres gerichtet sein. Insofern kann das Ziel außerhalb und innerhalb des jeweils konkret Erreichbaren liegen. Es ist nicht ständig präsent, sondern als generelle Haltung sichtbar. Wie Blanchot sagt: »Beim Warten gibt es immer mehr zu erwarten als Dinge, die man erwar-tet.«

Das Streben nach der Erfüllung einer Sehnsucht, die außerhalb ihrer Reichweite liegt, ist die Tragik der Emma Bovary: Sie beschäftigt sich mit nichts anderem, als ihr Unglück zu wälzen, und das Warten ist für sie dabei zur Lebensform geworden. Trotz des Leids, das sie deswegen durchleben muß, ist es ihr unmöglich, sich dieser Situation zu entziehen. Das Warten bestimmt ihr ganzes Leben.

Anstatt sich das anzueignen, was ihr vermeintlich gehört, oder dem Lebewohl zu sagen, was sie nie erreichen wird, bleibt Emma Bovary die Getriebene einer inneren Unruhe. Im großen Wartesaal wechselt sie von einem Stuhl zum nächsten und findet doch nicht ihren Platz.

Eine andere Dame dagegen bewegt sich in diesem Wartesaal überhaupt nicht, still steht sie in einer Ecke, und kaum jemand hat sie überhaupt bemerkt. Es ist die ach so durchschnittliche Dinny, die einfach nur wartet und damit doch nicht weiterkommt. Sie spürt, wie um sie herum das Leben an ihr vorüberzieht – und ist in ihrem Warten machtlos, daran teilzunehmen.

Dabei stehen neben ihr drei Schwestern, die sich scheinbar angeregt unterhalten und Dinny vielleicht in ihren Kreis aufnehmen würden. Moskau ist ihr Thema, jene Stadt, in die jede von ihnen sämtliche Wünsche und Hoffnungen legt, von denen sie alle ein ganz genaues Bild haben. Die drei warten auf das Unmögliche. Eine beliebte Art, sich mit dem Leben zu arrangieren: Man lügt sich selber vor, daß man in Kürze erreicht haben wird, was man sich zum Ziel gesetzt hat. Man muß nur noch ein kleines bißchen warten, und alle Hoffnungen werden sich erfüllen.

Der junge Mann, der sich auf der anderen Seite des Wartesaals auf einer Bank ausgestreckt hat, hat sein Warten genutzt, ohne es zu ahnen. Barton Fink brauchte eine Idee, eine Geschichte, doch sie wollte ihm nicht einfallen. In seinem Warten haben sich seine Gedanken, seine Aufmerksamkeit immer weiter auf die kleinsten Dinge reduziert. So hat sich der junge Intellektuelle unbewußt den geistigen Raum geschaffen, in der dann plötzlich die erwartete Geschichte auftaucht, größer und gräßlicher als gedacht.

Neben Bartons Bank stehen ein Mann und eine Frau, getrennt durch andere Wartende, und suchen sich immer wieder mit ihren Blicken. Rick und Ilsa befinden sich in einer Situation des unbewußten Wartens: Einige Menschen warten ihr ganzes Leben, ohne sich dessen bewußt zu werden. So warten auch diese beiden ein Leben lang aufeinander, ohne es sich einzugestehen. Doch jetzt scheint Rick einen Entschluß gefaßt zu haben und geht auf Ilsa zu. Wir kennen die Worte, die er ihr gleich sagen wird.

Auf seinem Weg zu ihr umrundet Rick eine Gruppe von Soldaten, die hier im Wartesaal auf den nächsten Angriffsbefehl warten und sich die Zeit vertreiben. Sie sind Exponenten einer sehr männlichen Art des Wartens, das häufig aktiv ist: des erregten, lauernden oder wachsamen Wartens. Ihre Haltung eröffnet in einem scheinbar passiven Moment des Wartens Chancen für das Hereinbrechen von Unvorhersehbarem. Es setzt eine Konzentration voraus, die einen sozusagen aus den »realen« Zeitdimensionen heraushebt. Es impliziert eine Vorwegnahme von Ereignissen, die möglicherweise eintreten.

Für Martin Heidegger gibt es nur eine richtige Form des Wartens, eine Erweiterung ihrer Wachsamkeit: das vorlaufende Warten, bei dem der Tod in jeder Sekunde des Wartens mit einbezogen wird, um so den geistigen Raum für alles Kommende zu schaffen.

Diesen philosophischen Anspruch an das Warten hatten Wladimir und Estragon, die ganz ruhig in der Mitte unseres Wartesaals stehen, nie. Sie kennen das erfüllte Warten: Ihr Ziel ist das Warten selbst. Man stellt sich nichts mehr vor, auf das man wartet – auch der Name »Godot« ist nur ein Begriff ohne Inhalt. »Wenn es Warten gibt, so doch nicht auf etwas Bestimmtes. In der Bewegung des Wartens ist auch der Tod nicht mehr, worauf man warten könnte« (Blanchot).

Irgendwo hinten im Wartesaal raufen sich Hamm und Clov die Haare, weil für sie das Warten niemals ein Ende nehmen wird. Sie sind Opfer des stagnierenden Wartens: So nennt Blanchot das Warten, das anfangs sich selber zum Gegenstand nahm, das an sich selber Gefallen fand, schließlich sich selber haßte – man ist sich sicher, daß dem Warten ein Ende gesetzt ist, um dann zu erfahren, daß dies nicht so ist. Nur Wladimir und Estragon bleiben gelassen: Für sie ist das Wissen um das Warten die Sicherheit, die ihre Existenz ermöglicht.

Eine positive Haltung zum Warten zu entwickeln ist nicht einfach. Meistens wird uns langweilig, wenn wir warten. Dann sinnieren wir über alles mögliche nach, um uns die Zeit zu vertreiben. Langeweile ist ein Warten ohne Zutrauen, so Benjamin, denn unser Zutrauen haben wir verloren, seit wir nicht mehr ungebrochen an Gott glauben können. Da wir nicht mehr an die Erlösung glauben, gelingt es nicht mehr, geduldig zu warten.

Wir sollten uns dennoch darauf einlassen: Das Warten scheint, je länger man sich damit auseinandersetzt, nicht mehr ausschließlich als etwas Unangenehmes, als etwas, das man möglichst vermeiden sollte. Das Warten ist auch nicht grundsätzlich ein von außen auferlegter Zustand. Es kann eine durchaus aktive, selbst gewählte Haltung sein, die den Horizont auf eine Vielzahl überraschender Erfahrungen öffnet.

Die Situation des Wartens konfrontiert jeden Menschen auf extreme Weise mit sich selbst. Während wir warten, wird aktiviert, was wir zurückhalten können, solange wir uns zu beschäftigen wissen; der Akt des Wartens selbst funktioniert als eine Art Katalysator, der Dinge auslöst, von denen wir nicht wissen, daß sie in uns schlummern. So gesehen ist die Situation des

Wartens Bedrohung und Chance zugleich. Während man wartet, verlieren die gewöhnlichen Zeitstrukturen an Bedeutung. Sobald man wartet, ohne auf irgend etwas Bestimmtes zu warten, wird man im Warten aktiv – ein interessantes Paradoxon: Man harrt der Dinge, die da kommen, offen für Überraschungen, die in das Warten einbrechen und das Leben verändern können.

Viel zu oft sehen wir im Warten lediglich eine Phase des Übergangs, die es so schnell wie möglich zu überwinden gilt. Aus der Haltung heraus ist der Blick einzig auf das Ziel fixiert, das wir, in unserer Erwartung, oft auch verklären. Nach der letzten Jahrhundertwende hat so eine ganze Generation von Intellektuellen ungeduldig eine Katastrophe herbeigesehnt, die sich dann im Ersten Weltkrieg entladen hat. Begeistert zogen die jungen Männer an die Front und bejubelten einen Krieg, den sie in ihrer ungeduldigen Erwartung zu einem reinigenden Gewitter verklärt hatten, mit dem alles Warten ein Ende haben sollte. Und hat sich nicht auch während der Weimarer Republik eine Erwartung angestaut, die es Hitler schließlich erst ermöglichte, sich als Erlöser und Heilsbringer zu inszenieren? Die Liste dieser geschichtlichen Katastrophen ließe sich fortsetzen. Heute, wiederum kurz vor Beginn eines neuen Jahrhunderts, werden von manchen wieder neue Visionen und Ziele eingefordert. Doch vielleicht sollten wir uns in dieser Situation einmal mehr an Benjamin erinnern, für den historische Brüche und damit auch Neuerungen erst durch das Warten ermöglicht werden. Das Warten bietet uns ungeheure Möglichkeiten, es ist in letzter Konsequenz das vielleicht vielversprechendste Lebensgefühl, das auch verläßlich ist: Jedes Warten kann sich selbst überschreiten, doch nur, um auf ein neues Warten zu treffen.

Ich warte neuerdings anders. Ich warte geduldig in der U-Bahn, bis der Fahrer meine Station ankündigt. Ich warte beim Arzt und bin froh, daß ich endlich einige Minuten habe, in denen ich mich und meinen Tag ordnen kann; ich warte vor der Kasse und versuche mich nicht mehr unablässig vorzudrängen. Und ich schätze die Möglichkeit, beim Warten Abstand zu den Dingen gewinnen zu können.

Wir sollten einfach gerne warten. Auf Besuch oder verspätete Züge oder darauf, daß der Vorhang sich öffnet. Während des Wartens kann man guten Gewissens nichts tun. Man muß nicht einmal denken. Das anstehende Ereignis entbindet einen von allen Verpflichtungen. In der Zwischenzeit sitzt man da, schaut sich um, sinnt über alte Fragen nach. Und in dieser Situation sind alle Antworten möglich. Denn einzig das Warten beinhaltet die ehrliche Einlösung eines großen Versprechens: Anything goes.

# Literatur

James Agee, »The Waiting«, in: *The New Yorker* vom 5. 10. 1957
Maurice Blanchot, *Warten Vergessen*, Frankfurt/M. 1964 (frz. *L'Attente L'Oubli*, Paris 1962)
Maeve Brennan, »The Sofa«, in: *The New Yorker* vom 2. 3. 1968
Gilles Deleuze, *Sacher-Masoch und der Masochismus*, aus: Leopold von Sacher-Masoch, *Venus im Pelz,* Frankfurt/M. 1980
Gustave Flaubert, *Madame Bovary*, Frankfurt/M. 1919
John Galsworthy, *Ein Mädchen wartet*, Berlin/Wien/Leipzig 1931
Robert Hemenway, »I am waiting«, in: *The New Yorker* vom 6. 9. 1969
Homer, *Ilias/Odyssee*. In der Übertragung von Johann Heinrich Voß. Nach der Übertragung der Erstausgaben, *Odyssee*, Hamburg 1781
Ernst Jünger, *In Stahlgewittern*, Stuttgart 1961
Franz Kafka, *Der Prozeß*, Frankfurt/M. 1925
Ivan Klíma, *Waiting for the Dark, Waiting for the Light*, London 1994
Tom Kromer, *Waiting for Nothing*, New York 1935
Erich Kuby, *Das ist des Deutschen Vaterland. 70 Millionen in zwei Wartesälen*, Hamburg 1957
Thomas Mann, Der Zauberberg, Frankfurt/M. 1924.
Annette Meyhöfer, *Vom Glück der Geliebten*, Reinbek 1995
Klaus Pohl, *Wartesaal Deutschland. Stimmenreich*, Hamburg 1995
Wolfgang Rath, *Liebe. Die Geschichte eines Dilemmas*, München 1998
Jean-Paul Sartre, *Der Aufschub*, in: *Die Wege der Freiheit*, Baden-Baden 1949–1951
Anton Tschechow, *Drei Schwestern*, Burgtheater Wien 1994